税理士のための顧問先企業の

防災・減災対策ハンドブック

優遇税制・補助金・低利融資の活用ポイント

辻・本郷ビジネスコンサルティング株式会社
著

第一法規

はじめに

近年、我が国ではこれまでの予想を上回る豪雨や大規模地震をはじめとする自然災害が毎年のように各地で発生しています。その被災地の被害状況はニュース等で報道されているとおりです。

東日本大震災以後、自然災害を経験することで、震災後の国や金融機関の支援、インフラの復旧や物資の支援など、災害を乗り越えるたびにその対応に改善がなされてきました。

日本の企業数の99%を占め、雇用の約7割を占める中小企業・小規模事業者は、大企業に比べ、これら災害による被害が事業の継続に重大な影響を与えます。

しかしながら、中小企業・小規模事業者は、「事業継続計画」(BCP)策定が大企業に比べて行われていない現状です。

今回、書籍を執筆させていただく機会を頂戴しましたので、辻・本郷グループとして特に東日本大震災及び以後の自然災害の事業者の皆様をご支援してきた経験を活かし、BCP策定に必要な情報をまとめさせていただきました。

BCPは、自然災害のみでなく、事業の中断をもたらす可能性がある大事故や感染症のパンデミックなどあらゆる事象を対象にしています。また、BCPを策定する過程で、業務のオペレーション、指揮系統、バリューチェーンなど、自社の事業を理解し、事業全体を改めて見直す良いきっかけにもなると考えます。

また、防災・減災対策にあたっては、令和元年度税制改正で創設された中小企業防災・減災等促進税制、各種補助金を有効に活用することも効果的です。本書では、これら制度についても解説をしました。

そして、実際に災害が発生した場合の補助金、助成金等の支援策についても、東日本大震災や令和元年の台風第19号を例にまとめました。

本書が、中小企業・小規模事業者をクライアントに持つ税理士、そして、事業者の皆様の防災・減災対策の一助となれば幸いです。

令和２年２月
辻・本郷ビジネスコンサルティング株式会社

（追記）
本書の内容は、令和２（2020）年１月末日時点での情報に基づいています。

- 本書に掲載した各税制、補助金、助成金等についてご検討される際には、主催する各団体のホームページ等で、最新の情報を必ずご確認ください。
- 令和２年２月26日に、気象庁は、「2019年台風について（確定）」において、令和元年の台風第15号を「令和元年房総半島台風」、同19号を「令和元年東日本台風」と名称を定めたことを発表しました。なお、本書におけるそれぞれの台風の表記は、上記の執筆時点の情報に基づき、「令和元年（の）台風第15号」及び「令和元年（の）台風第19号」となっております。ご了承ください。

Contents

Contents

第2章 中小企業への支援措置

第3章 災害発生前の対策

Contents

第4章 災害発生後に求められる対応とその支援（東日本大震災を踏まえて）

著者一覧

第1章

防災・減災、
国土強靭化のための
3か年緊急対策の概要

1　国土強靭化を図る経緯

災害大国といわれる我が国は、過去から現在に至るまで様々な災害に見舞われてきた。中でも、平成23年3月11日に宮城県沖を震源地とした戦後最悪といわれている大地震、いわゆる東日本大震災は記憶に新しい。規模はマグニチュード9.0で観測史上最大といわれており、この地震の影響で発生した津波は最大で40メートルを超え、岩手、宮城、福島などの東北地域に甚大な被害をもたらしただけでなく、福島第一原子力発電所の水素爆発により大量の放射性物質が漏洩するなど未曽有の被害が東日本を中心にもたらされた。

平成25年以降においても次頁のように様々な自然災害が発生しており、また、南海トラフ地震や首都直下型地震といった自然災害が今後高い確率で発生すると想定されている（5頁参照）。

■平成25年以降に生じた大きな自然災害[1]

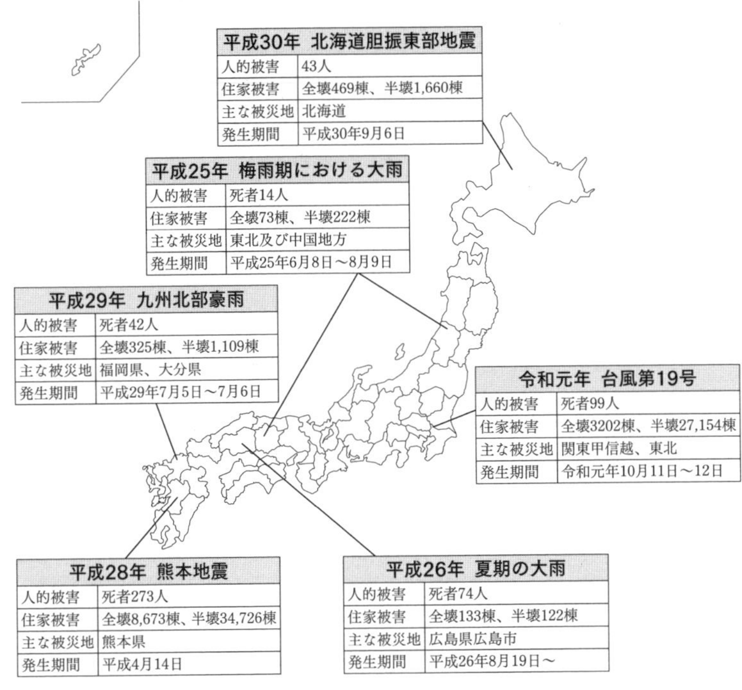

平成30年　北海道胆振東部地震	
人的被害	43人
住家被害	全壊469棟、半壊1,660棟
主な被災地	北海道
発生期間	平成30年9月6日

平成25年　梅雨期における大雨	
人的被害	死者14人
住家被害	全壊73棟、半壊222棟
主な被災地	東北及び中国地方
発生期間	平成25年6月8日～8月9日

平成29年　九州北部豪雨	
人的被害	死者42人
住家被害	全壊325棟、半壊1,109棟
主な被災地	福岡県、大分県
発生期間	平成29年7月5日～7月6日

令和元年　台風第19号	
人的被害	死者99人
住家被害	全壊3202棟、半壊27,154棟
主な被災地	関東甲信越、東北
発生期間	令和元年10月11日～12日

平成28年　熊本地震	
人的被害	死者273人
住家被害	全壊8,673棟、半壊34,726棟
主な被災地	熊本県
発生期間	平成4月14日

平成26年　夏期の大雨	
人的被害	死者74人
住家被害	全壊133棟、半壊122棟
主な被災地	広島県広島市
発生期間	平成26年8月19日～

1　平成25年梅雨期における大雨
（http://www.bousai.go.jp/updates/h25tsuyuki08/pdf/h25tsuyuki08_09.pdf）
平成26年夏期の大雨（広島県土砂災害）
（https://www.sabo.pref.hiroshima.lg.jp/portal/sonota/sabo/pdf/216_H26_820dosyasaigai.pdf）
平成28年熊本地震
（http://www.bousai.go.jp/updates/h280414jishin/pdf/h280414jishin_55.pdf）
平成29年九州北部豪雨
（http://www.bousai.go.jp/updates/h29typhoon3/pdf/h300117_29taifu03_38.pdf）

- 平成25年　梅雨期における大雨

平成25年6月8日から8月9日にかけて、梅雨前線が九州から本州付近に停滞し断続的に活動が活発化した。また、この間、台風第4号及び第7号が日本に接近した。このため、各地で大雨となった。

- 平成26年　夏期の大雨（広島県土砂災害）

平成26年8月19日夜から20日明け方にかけて発生した記録的集中豪雨により、同時多発的に大規模な土石流が発生した。

- 平成28年　熊本地震

平成28年4月14日に、震度7の地震が熊本県と大分県で相次いで発生した。

- 平成29年　九州北部豪雨

平成29年7月5日から6日にかけて福岡県と大分県を中心とする九州北部で集中豪雨が発生した。

- 平成30年　北海道胆振東部地震

平成30年9月6日に北海道胆振地方中東部を震央として発生した最大震度マグニチュード7の地震である。

- 令和元年　台風第19号

令和元年10月10日から12日にかけて台風第19号の接近、上陸により、静岡県、新潟県、関東甲信地方、東北地方で記録的な大雨となった。

平成30年北海道胆振東部地震
（https://www.fdma.go.jp/disaster/info/items/190820hokkaidoujisinn35.pdf）
令和元年台風第19号
（https://www.fdma.go.jp/disaster/info/items/taihuu19gou64.pdf）

■今後発生が想定される災害[2]

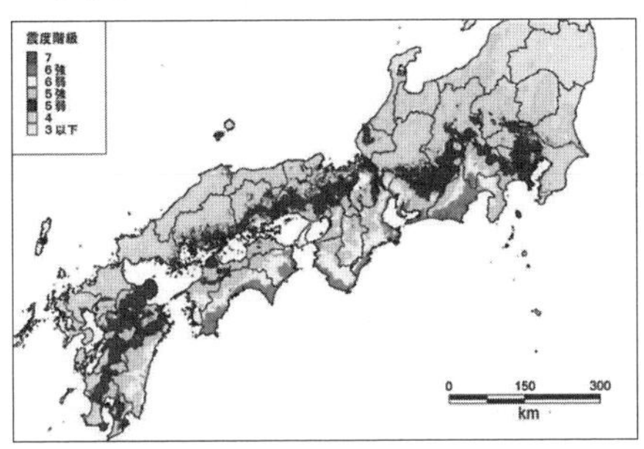

南海トラフ地震
全壊・焼失棟数：最大約238万6千棟
死者：最大約32万3千人
経済的被害：約214兆円
(資産等の直接被害約169兆円)
(生産・サービス低下による被害約45兆円)

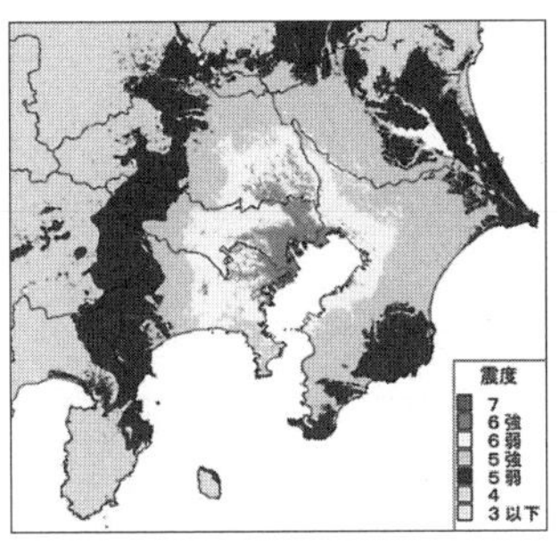

首都直下型地震
全壊・焼失棟数：最大約61万棟
死者：最大約2万3千人
経済的被害：約95兆円
(資産等の直接被害約47兆円)
(生産・サービス低下による被害約48兆円)

• 南海トラフ地震

南海トラフ地震は、静岡県から四国の太平洋に側かけてフィリピン海プレートとアムールプレートとのプレート境界の沈み込み帯である南海トラフ沿いが震源域と考えられている巨大地震であり、静岡県から宮崎県にかけての一部では震度7の非常に強い揺れが発生するる可能性があるほか、それに隣接する周辺の広い地域でも震度6強から6弱の強い揺れが発生すると想定されている。

2　南海トラフ巨大地震対策検討ワーキンググループ第二次報告（内閣府）（http://www.bousai.go.jp/jishin/nankai/taisaku_wg/pdf/20130318_shiryo2_2.pdf）
首都直下地震対策検討ワーキンググループ最終報告（内閣府）（http://www.bousai.go.jp/jishin/syuto/taisaku_wg/pdf/syuto_wg_siryo04.pdf）

・首都直下型地震

今後、30年以内に70％の確率で起きるとされている首都直下地震をいい、歴史的に繰り返し発生する、マグニチュード7クラスの地震の発生が想定されている。

我が国では、度重なる災害から得られた教訓を踏まえて災害対策が施されてきた。

昭和34年の伊勢湾台風を教訓に「災害対策基本法[3]」が制定され、平成7年の阪神淡路大震災の後には、大規模な市街地火災、高速道路の高架橋の倒壊等を教訓に、住宅密集市街地の対策強化、建築物の耐震化・インフラの耐震性強化に着手した[4]。

しかし、平成23年の東日本大震災において、最大40mを超える大津波に対し防潮堤等で津波の到達を遅らせることには効果を発揮したものの、防ぎきることができず甚大な被害が発生し、インフラ整備中心の防災対策では限界があることが露呈された。

3　災害対策基本法とは、国民の生命、身体及び財産を災害から保護するために、災害対策の基本を定めたものをいう。

4　阪神高速道路の橋脚の補強等

上述したように、平成25年以降においても様々な自然災害が発生し、また、発生が想定される自然災害が存在することから、今後、大規模自然災害に見舞われた際に、迅速に復旧・復興を成し遂げるためには、さらなる防災・減災の体制を整えるとともに、早期の回復を促す施策が必要となる。そこで我が国では、「国土強靱化」として以下の目標を掲げ、それを達成するために「国土強靱化基本計画[5]」を策定した。

国土強靱化の基本目標

1. 人命の保護が最大限図られること
2. 国家及び社会の重要な機能が致命的な障害を受けず維持されること
3. 国民の財産及び公共施設に係る被害の最小化
4. 迅速な復旧復興

5 平成26年6月閣議決定（https://www.cas.go.jp/jp/seisaku/kokudo_kyoujinka/pdf/kk-gaiyou-h240603.pdf）、2019年12月現在。

2　国土強靱化基本計画

(1) 国土強靱化基本計画の構成[6]

国土強靱化に係る国の計画等の指針となるものである（アンブレラ計画）[7]。

国土強靱化に関し、本計画のみならず国の他の計画等の指針になることを目的とする。

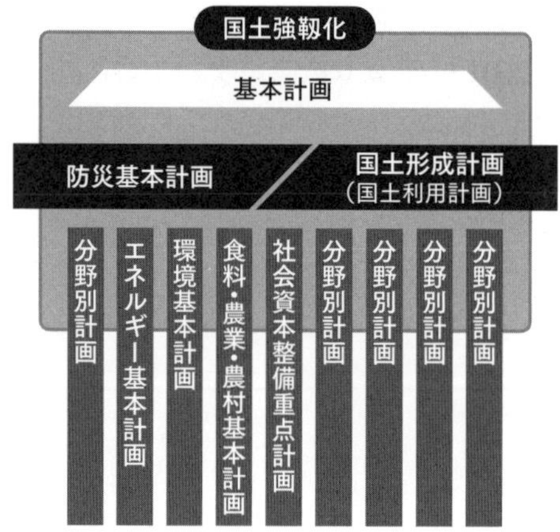

6　（https://www.cas.go.jp/jp/seisaku/kokudo_kyoujinka/pdf/kk-honbun-h301214.pdf）

7　（https://www.cas.go.jp/jp/seisaku/kokudo_kyoujinka/pdf/kk-gaiyou-h240603.pdf）

①　施策の重点化

我が国の人口・社会・気候環境の変化を踏まえ、有限な時間や資産を効率的に利用し、影響の大きさ・国の役割の大きさ・緊急度を勘案し施策の重点化を図る[8]。

②　ハード・ソフト両面で効果的に推進

自然災害による被害を抑制するためのインフラ等のハード整備とハード整備の想定を超えた災害が生じた際の、避難から復興までのソフト整備を適切に組み合わせる。

③　「自助・共助・公助」の適切な組合せ

自助・共助・公助を適切に組み合わせ、官と民が効果的かつ効率的に連携する。

④　民間資金の活用

限りのある資金を効率よく利用するため、PPP[9]/PFI[10]による民間資金を積極的に活用する。

⑤　地域の特性に応じた施策の推進

各地域の自然環境やコミュニティに配慮した施策を講じる。

8　https://www.cas.go.jp/jp/seisaku/resilience/dai39/siryo3.pdf

9　公民が連携して公共サービスの提供を行うスキーム

10　公共施設等の建設、維持管理、運営等を民間の資金、経営能力及び技術的能力を活用して行う手法

⑥　非常時だけでなく平時にも有効活用の工夫

海岸防災林等の防災・減災に効果があり、景観にも影響を与える施策については、景観への配慮や地域での利用を促す。

⑦　PDCAサイクルの実践

国土強靱化の目標達成に向けて課題となるリスクを特定・分析し、リスクに対する対応策を検討及び実施し、対応策の結果を適切に評価し、全体の取組を見直し、改善する。

⑵　変　遷

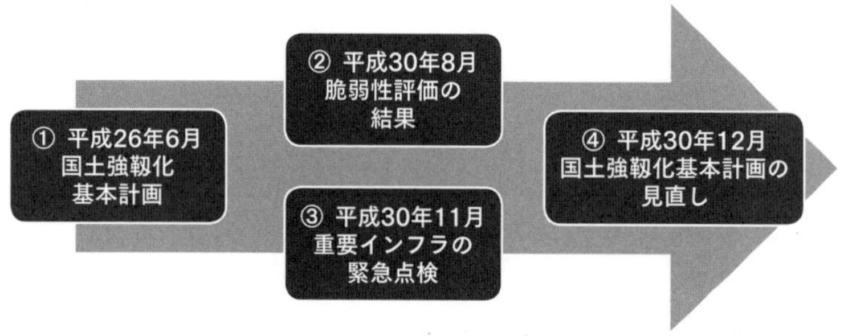

①　国土強靱化基本計画の制定（平成26年6月）

国土強靱化基本計画として以下を掲げた。

- 国土強靱化に係る国の計画等の指針となるべきもの
- 施策の重点化、ハード・ソフト両面で効果的に推進、「自助・共助・公助」の適切な組合せ、民間資金の活用
- 地域の特性に応じた施策の推進、非常時だけではなく平時にも有効活用の工夫、PDCAサイクルの実践

②　脆弱性の評価の結果（平成30年8月）

平成28年熊本地震等の災害から得られた知見、社会情勢の変化等を踏まえ、脆弱性（課題）を評価・分析し、「最悪の事態に」至る因果関係を明確化した。

③　重要インフラの緊急点検（平成30年11月）

平成30年の7月豪雨、台風第21号、北海道胆振東部地震等の発生は、住民の生活や経済活動に対し大きな影響を及ぼしたため、重要インフラの機能確保について132項目の緊急点検を実施し、点検結果と対応方策を取りまとめた。

④　国土強靭化基本計画の見直し（平成30年12月）

脆弱性評価の結果を踏まえ、国土強靭化基本計画について以下の見直しが行われた。

i　災害から得られた知見の反映
ii　社会情勢の変化等を踏まえた反映
iii　災害時に重要なインフラ整備、耐震対策・老朽化対策、BCPの普及等を継続して推進
iv　重点化すべきプログラムを5つ追加し20プログラムとする
v　防災・減災、国土強靭化のための3か年緊急対策

当該見直しによって、新たに追加されたのが「v　防災・減災、国土強靭化のための3か年緊急対策」である。

3　防災・減災、国土強靭化のための3か年緊急対策

平成30年12月14日、政府は、同年11月の重要インフラの緊急点検の結果・対応方策やブロック塀、ため池等に関する既往点検の結果等を踏まえて、特に緊急に実施すべきハード・ソフト対策について3年間集中で実施することとして、「防災・減災、国土強靭化のための3か年緊急対策」（以下「3か年緊急対策」という。）を策定した。

3か年緊急対策は、①防災のための重要インフラ等の機能維持と②国民経済・生活を支える重要インフラ等の機能維持の2つの観点から、特に緊急に実施すべき160項目のハード・ソフト対策を、3年間（2018～2020年度）で集中的に実施するとするものである。

本計画は、取り組む対策と達成目標、主な具体的措置について、下記の項目で策定されている。

Ⅰ．防災のための重要インフラ等の機能維持（おおむね3.5兆円程度）

⑴　大規模な浸水、土砂災害、地震・津波等による被害の防止・最小化（おおむね2.8兆円程度）

⑵　救助・救急、医療活動などの災害対応力の確保（おおむね0.5兆円程度）

⑶　避難行動に必要な情報等の確保（おおむね0.2兆円程度）

Ⅱ．国民経済・生活を支える重要インフラ等の機能維持（おおむね3.5兆円程度）

⑴　電力等エネルギー供給の確保（おおむね0.3兆円程度）

⑵　食料供給、ライフライン、サプライチェーン等の確保（おおむね1.1兆円程度）

⑶　陸海空の交通ネットワークの確保（おおむね2.0兆円程度）
⑷　生活等に必要な情報通信機能・情報サービスの確保（おおむね0.02兆円程度）
（※　各項目末の（）内は、目途とされている事業規模。）

各項目の達成目標については、上記に掲げた項目ごとに、下記の目標が掲げられている。

以下、「防災・減災、国土強靱化のための3か年緊急対策」の「第5章 対策の達成目標」より引用する。

Ⅰ．防災のための重要インフラ等の機能維持

⑴　大規模な浸水、土砂災害、地震・津波等による被害の防止・最小化

- 堤防決壊が発生した場合に湛水深が深く、特に多数の人命被害等が生じるおそれのある区間において、堤防強化対策等を概成
- 氾濫による危険性が特に高い等の区間において、樹木・堆積土砂等に起因した氾濫の危険性をおおむね解消
- 人命を守るため、ダムの洪水調節機能を維持・確保するための対策が必要な箇所において、緊急的・集中的に対策を実施し概成
- 予備発電機のない水門、陸閘（りっこう）等（海岸保全施設）のうち早期に対策が必要な施設の対策を完了
- ゼロメートル地帯又は重要な背後地を抱え、海岸堤防高や消波機能等が不足する箇所のうち緊急性の高い箇所において、高潮や津波による浸水を防止する対策を概成
- 土砂災害によりインフラ・ライフラインの被災する危険性が高い箇所のうち緊急性の高い箇所において、インフラ・ライフラインの著しい被害を防止する砂防堰堤の整備等の対策をおおむ

ね完了

- 緊急性の高い火山において、火山噴火による人命への著しい被害を防止するブロック備蓄及び砂防堰堤の整備等の対策をおおむね完了
- 屋根や外壁、内壁、天井等の耐震性、劣化等に課題があり、対策の緊急性の高い学校施設等を全て改善
- ブロック塀等改修整備が必要な社会福祉施設等約7,000か所の対策を全て完了
- 自衛隊施設の敷地境界におけるブロック塀等の倒壊の危険性を解消
- 下流への影響が特に大きく、早急に対策が必要な約1,000か所の防災重点ため池において、機能や安全性を確保するための対策を概成　　等

(2)　救助・救急、医療活動などの災害対応力の確保

- 災害発生時における自衛隊施設の機能維持・強化、電力供給能力の向上及び防災関係資機材等の整備
- 老朽化した警察用航空機4機、警察用船舶3機及び警察用車両約3,800台を更新整備
- 全47都道府県警察及び各地方機関において、警察情報通信設備・機器のシステムや資機材を更新・増強
- 大規模風水害等に対応した緊急消防援助隊の車両・資機材を整備し、災害対応力を向上
- ヘリコプター動態管理システムを未整備地域へ新規配備し、消防・防災ヘリコプターの安全性を向上、航空消防防災体制を充実強化
- 海上保安業務に支障を来すおそれのある全ての施設において、業務支障を防止するための施設の整備を完了

・洪水による浸水などの災害発生後の医療継続に重大な支障のある国立大学附属病院等において、医療継続を可能とするために、浸水対策等をおおむね完了
・災害時に特に重要な医療機能を担う災害拠点病院等において、停電時に病院の診療機能を3日程度維持できる非常用自家発電設備及び給水設備の整備を完了
・病院全体の耐震化率を80％以上に引上げ
・官邸、緊急時対応センター（ERC）等において、固定衛星通信設備等を全て更新、全ての緊急事態応急対策拠点施設（OFC）において、自然災害時のOFC機能を維持　　等

(3)　避難行動に必要な情報等の確保

・準天頂衛星システム5-7号機の開発の効率的な加速化を実現し、災害時に確実に通信できる体制を構築
・防災行政無線等の戸別受信機の未配備団体250市町村程度において、対策を全て完了
・浸水や停電により、連続的な観測ができなくなる重要な水文観測所を解消、連続的な監視や通信ができなくなる重要な監視施設・庁舎等を解消
・想定最大規模の洪水浸水想定区域図及び洪水ハザードマップの概成
・ダム下流地域の浸水想定図の作成を完了、警報設備の改良等による住民への周知体制の確立を完了
・土砂災害へのソフト対策について、土砂災害警戒区域の基礎調査を早期に全箇所完了、土砂災害のおそれが高い市町村における土砂災害ハザードマップの作成を完了、土砂災害発生のおそれのある地区を的確に絞り込んだメッシュ情報を提供
・全国の地方公共団体における大規模盛土造成地マップの作成・

公表率100%、液状化ハザードマップの作成・公表率100%　　等

II. 国民経済・生活を支える重要インフラ等の機能維持

(1)　電力等エネルギー供給の確保

・エネルギー需給構造の強靭化のため、約55万kW分の分散型電源等を導入

・各地域で災害時にも平時と同程度の燃料の出荷能力を維持するため、非常用発電設備未設置の油槽所や燃料供給の要となる製油所・油槽所において、非常用発電設備を整備・増強

・停電発生時の燃料需要に対し、十分な燃料供給体制を確保するため、自家発電設備を備えたSS等を全国約8,000か所整備、停電発生時の燃料供給要請に対し、機動的に対応できる体制を確保するため、緊急配送用ローリーを全国約6,700台配備　　等

(2)　食料供給、ライフライン、サプライチェーン等の確保

・非常時に農業水利施設の機能を喪失するおそれなどがあり、早急に対策が必要な約1,000地区において、機能を確保するための対策を概成

・全国10のブロックで、生乳の持続可能な生産・流通を確保するために必要な停電時の対応計画の作成率100%

・停電、土砂災害及び浸水災害により大規模な断水を引き起こすおそれが高い、基幹となる取・浄水場において、停電対策、土砂災害対策及び浸水災害対策を概成

・大規模地震や浸水等の大規模災害時においても、工業用水道の安定的な供給を確保するため、緊急対策が必要な全ての工業用水道施設において、浸水対策、電源喪失防止対策及び耐震化対策を大幅に進捗　　等

(3)　陸海空の交通ネットワークの確保

・航空輸送上重要な空港等16空港のうち、特に浸水の可能性が懸

念される箇所の護岸嵩上げ・排水機能強化による対策を実施、滑走路2,500m以上の耐震性をおおむね確保
- 航空輸送上重要な空港等16空港において、特に浸水の可能性が懸念されるターミナルビルの電源設備等の浸水対策をおおむね完了、ターミナルビルの吊り天井の安全対策をおおむね完了
- 幹線道路等において、豪雨により土砂災害等が発生するリスクのある箇所で、鉄道近接や広域迂回など社会的影響が大きい箇所について対策をおおむね完了
- 幹線道路等において、緊急輸送道路上の橋梁のうち、今後30年間に震度6以上の揺れに見舞われる確率が26%以上の地域にあり、事業実施環境が整った箇所について、耐震対策をおおむね完了
- 電柱倒壊の危険性が高い市街地の緊急輸送道路において、災害拠点へのアクセスルートで事業実施環境が整った箇所について工事着手
- 利用者数が多い線区等において、豪雨により流失・傾斜のおそれがある鉄道河川橋梁について対策をおおむね完了
- 利用者数が多い線区等において、豪雨により崩壊のおそれがある鉄道隣接斜面について対策をおおむね完了
- 全国の主要な外貿コンテナターミナルのうち、浸水被害リスクが高くコンテナ流出対策が実施されていない施設のなかで、事業実施環境が整った箇所について対策をおおむね完了、各種災害に対する港湾BCPの充実化が必要な港湾において港湾 BCPの充実化を完了
- 全国の主要な緊急物資輸送ターミナルのうち、地震時の緊急物資輸送に十分対応できないおそれがあり、事業実施環境が整った箇所について対策をおおむね完了、各種災害に対する港湾BCP

の充実化が必要な港湾において港湾BCPの充実化を完了　　等

⑷　生活等に必要な情報通信機能・情報サービスの確保

・携帯電話基地局について、通信ネットワークの被害・復旧状況の集約作業の改善等により、迅速な応急復旧のための体制を構築するほか、車載型基地局等の増設により、2018年度（平成30年度）と同規模の災害が発生しても、市町村役場等における通信サービスを維持

・災害時においても、訪日外国人旅行者等がウェブサイトやSNS等を通じて、鉄道の運行情報等を入手できる環境を確保するため、新幹線の全駅・全車両に無料Wi-Fiサービス環境を整備

第2章

中小企業への支援措置

1　事業継続力強化計画・連携事業継続力強化計画に関する制度の概要

(1)　中小企業の防災・減災対策の強化に向けた検討

自然災害が頻発する中、災害による影響を軽減するための事前対策の強化は喫緊の課題であるが、中小企業では、事前の防災・減災対策が進んでいるとはいいがたく、平成30年においても7月の西日本豪雨や北海道胆振東部地震をはじめとした大規模な自然災害に見舞われ、地域の中小企業においては甚大な影響が及ぼされた。

■ **平成30年度に発生した災害例**

	平成30年 7月豪雨 （本激）	台風 第19～21号等 （※1）	北海道 胆振東部地震 （局激※2）
中小企業被害額	4,738億円	99億円	42億円

（※1）農地・公共土木についてのみ局激
（※2）農地・公共土木については本激
（出典：経済産業省「平成31年度（2019 年度）経済産業関係 税制改正について」）

こうした災害に対し、中小企業庁は、相談窓口の整備、政府系金融機関による災害復旧貸付の実施、セーフティネット保証4号の適用、グループ補助金等の各種補助金の措置によって、きめ細やかな復旧・復興支援を講じてきている。

一方で、中小企業が受けた被害は様々であり、政策的資源の制限から全ての中小企業が被災前の状況に復旧することを一律に支援することには一定の限界があり、中小企業自身が災害による影響を軽減するための事前対策（防災・減災対策）の強化を行うことが必要である。

しかしながら、大企業では、事前対策の取組が一定程度進んでいるものの、中小企業での災害への備えの取組は一部にとどまっている状況にある。

このため、中小企業庁は、平成30年11月、中小企業の自然災害に対する事前対策（防災・減災対策）を促進するとともに、中小企業を取り巻く官民に期待される取組を多角的に検討するため、外部有識者からなる「中小企業強靱化研究会」を設置した。

同研究会は、5回にわたる検討の成果として、平成31年1月に、中間取りまとめを行い、中小企業の防災・減災対策を加速化するための総合的な枠組として「中小企業・小規模事業者強靱化対策パッケージ」を公表した。

中間取りまとめにおいては、中小企業庁はもとより、関係省庁、関係機関が、対策パッケージに沿った支援の取組を迅速に実行することが期待されている一方で、中小企業自身が、強靱化に向けた対策を着実に講ずることが強く期待されている。

これを受け、令和元年の通常国会で、自然災害の頻発といった厳しい経営環境においても中小企業が事業活動を継続できるよう、金融や税制など様々な角度から中小企業を支援する「中小企業の事業活動の継続に資するための中小企業等経営強化法等の一部を改正する法律」（以下「中小企業強靱化法」という。）が可決・成立した。

中小企業強靱化法において、特に、税制優遇としては、令和元年度税制改正で創設される中小企業防災・減災投資促進税制（特定事業継続力強化設備等の特別償却制度）を利用することができることとされた。

(2) 「事業継続力強化計画・連携事業継続力強化計画」の認定制度

上記の中小企業強靱化法により、「事業継続力強化計画・連携事業継続力強化計画」の認定制度が創設された。この制度は、中小企業単体で策定した防災・減災の事前対策に関する計画、及び他の事業者と連携して策定した防災・減災の事前対策に関する計画を経済産業大臣が認定するものである。

計画に記載する事例は、以下のとおりである[12]。

① ハザードマップ等を活用した自然災害リスクの確認方法
② 安否確認や避難の実施方法など、発災時の初動対応の手順
③ 人員確保、建物・設備の保護、資金繰り対策、情報保護に向けた具体的な事前対策
④ 訓練の実施や計画の見直しなど、事業継続力強化の実行性を確保するための取組

認定を受けた中小企業は、税制優遇や金融支援、補助金の加点など以下の支援策を受けることができる。

12　中小企業庁「―中小企業等経営強化法―事業継続力強化計画策定の手引き」（令和元年12月15日版）

① 日本政策金融公庫による低利融資
② 信用保証枠の追加
③ 防災・減災設備への税制優遇
④ 補助金の優遇措置
⑤ 認定ロゴマークの使用
⑥ 本制度と連携する企業・団体からの支援

■概要図[13]

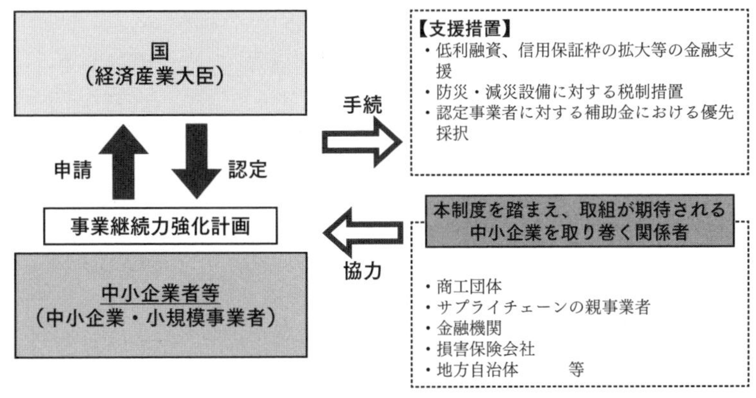

13　中小企業庁「―中小企業等経営強化法―連携事業継続力強化計画策定の手引き」（令和元年12月15日版）

認定を受けられる「中小企業者の規模」[14]については下表のとおりである。

<table>
<tr><th colspan="2" rowspan="2">業種分類</th><th colspan="2">中小企業等経営強化法
2条1項の定義</th></tr>
<tr><th>資本金の額又は出資の総額</th><th>常時使用する従業員の数</th></tr>
<tr><td colspan="2">製造業その他</td><td>3億円以下</td><td>300人以下</td></tr>
<tr><td colspan="2">卸売業</td><td>1億円以下</td><td>100人以下</td></tr>
<tr><td colspan="2">小売業</td><td>5,000万円以下</td><td>50人以下</td></tr>
<tr><td colspan="2">サービス業</td><td>5,000万円以下</td><td>100人以下</td></tr>
<tr><td rowspan="3">政令指定業種</td><td>ゴム製品製造業</td><td>3億円以下</td><td>900人以下</td></tr>
<tr><td>ソフトウェア業又は情報処理サービス業</td><td>3億円以下</td><td>300人以下</td></tr>
<tr><td>旅館業</td><td>5,000万円以下</td><td>200人以下</td></tr>
</table>

14　前掲注12

「中小企業者」に該当する法人形態

① 個人事業主

② 会社（会社法上の会社（有限会社を含む。）及び士業法人）

③ 企業組合、協業組合、事業協同組合、事業協同小組合、協同組合連合会、水産加工業協同組合、水産加工業協同組合連合会、商工組合（「工業組合」、「商業組合」を含む。）、商工組合連合会（「工業組合連合会」、「商業組合連合会」を含む。）、商店街振興組合、商店街振興組合連合会

④ 生活衛生同業組合、生活衛生同業小組合、生活衛生同業組合連合会、酒造組合、酒造組合連合会、酒造組合中央会、酒販組合、酒販組合連合会、酒販組合中央会、内航海運組合、内航海運組合連合会、技術研究組合

2　信用保証枠の追加、低利融資

「事業継続力強化計画」の認定を受けた中小企業は、下記の金融支援を受けることができる。

(1) 信用保証枠の追加

中小企業者は、認定を受けた「事業継続力強化計画」の実行にあたり、民間金融機関から融資を受ける際、信用保証協会による信用保証のうち、普通保険とは別枠での追加保証や保証枠の拡大が受けられる(下表参照)[15]。

■信用保証枠の追加

	通常枠	別枠
普通保険	2億円（組合4億円）	2億円（組合4億円）
無担保保険	8,000万円	8,000万円
特別小口保険	2,000万円	2,000万円
新事業開拓保険	2億円⇒3億円（組合4億円→6億円） （保証枠の拡大）	
海外投資関係保険	2億円⇒3億円（組合4億円→6億円） （保証枠の拡大）	

15　中小企業庁「事業継続力強化計画策定の手引き」

⑵　日本政策金融公庫による低利融資

「事業継続力強化計画」の認定を受けた事業者が行う設備投資に必要な資金について、日本政策金融公庫が行う融資制度のうち、「社会環境対応施設整備資金」[16]を受けることができる（別途、日本政策金融公庫の審査が必要である。）。

■ 日本政策金融公庫による低利融資

<table>
<tr><td>対象者</td><td colspan="2">自ら策定したBCP[17]など※に基づき、防災に資する施設等の整備を行う者
※次の⑴又は⑵に該当するもの
⑴　略
⑵　中小企業等経営強化法に規定する事業継続力強化計画又は連携事業継続力強化計画のうち認定（変更認定を含む。）を受けた計画。</td></tr>
<tr><td>資金使途</td><td colspan="2">「対象者」に該当する者はBCPなどに基づき、防災に資する施設などの整備（改善及び改修を含む。）を行うために必要な設備資金及び長期運転資金(耐震診断費用を含む。)。</td></tr>
<tr><td>融資限度額</td><td colspan="2">直接貸付　7億2,000万円（うち、運転資金2億5千万円）
代理貸付　1億2,000万円</td></tr>
<tr><td>利率（年）</td><td>設備資金[18]</td><td>2億7千万円まで　特別利率②[19]（土地に係る資金を除く（注）。）
ただし、次の資金については2億7,000万円までそれぞれに定める利率
⑴　建築物の耐震改修の促進に関する法律に基づく耐震改修などに係る資金については特別利率③（土地に係る資金を除く（注））
⑵　中小企業等経営強化法に規定する事業</td></tr>
</table>

16　日本政策金融公庫ホームページより

		継続力強化計画又は連携事業継続力強化計画のうち認定（変更認定を含む。）を受けた計画に係る資金については特 別利率③ 2億7千万円超　基準利率
	運転資金[20]	基準利率。ただし、耐震診断及び複数企業連携に係る運転資金については、特別利率①
	なお、信用リスク・融資期間などに応じて所定の利率が適用される。	
返済期間	設備資金	20年以内（うち据置期間2年以内）
	運転資金	7年以内（うち据置期間2年以内）
担保・保証人等	(1)　担保設定の有無、担保の種類などについては、相談の上、決定する。 (2)　直接貸付において、一定の要件に該当する場合には、経営責任者の方の個人保証が必要となる。 (3)　5年経過ごとに金利見直し制度を選択できる。	
（注）	・地方公共団体の防災業務計画に則り、地域と連携したBCPに基づく場合又は一定の要件を満たす地域から移転する場合は、土地に係る資金について、特別利率①～③の対象となる。	

17　事業継続計画「Business Continuity Plan」の略。50頁参照

18　施設の耐震化、自家発設備の設置、倉庫の防火対策、機械の転倒・転落防止対策、データバックアップ設備設置、窓ガラス飛散防止対策など（建て直し、移転を含む。）。

19　特別利率　次頁参照

20　事業継続に必要な在庫や原材料等の確保、耐震診断費用など。

■ 特別利率[21]（令和2年1月6日実施）

貸付期間	主な貸付利率			
	基準利率	特別利率①	特別利率②	特別利率③
5年以内	1.11%	0.71%	0.46%	0.30%
5年超6年以内	1.11%	0.71%	0.46%	0.30%
6年超7年以内	1.11%	0.71%	0.46%	0.30%
7年超8年以内	1.11%	0.71%	0.46%	0.30%
8年超9年以内	1.11%	0.71%	0.46%	0.30%
9年超10年以内	1.11%	0.71%	0.46%	0.30%
10年超11年以内	1.12%	0.72%	0.47%	0.30%
11年超12年以内	1.13%	0.73%	0.48%	0.30%
12年超13年以内	1.14%	0.74%	0.49%	0.30%
13年超14年以内	1.15%	0.75%	0.50%	0.30%
14年超15年以内	1.17%	0.77%	0.52%	0.30%
15年超16年以内	1.19%	0.79%	0.54%	0.30%
16年超17年以内	1.20%	0.80%	0.55%	0.30%
17年超18年以内	1.30%	0.90%	0.65%	0.40%
18年超19年以内	1.30%	0.90%	0.65%	0.40%
19年超20年以内	1.30%	0.90%	0.65%	0.40%
(注)	1.ご融資に際しては、ご契約日時点での貸付利率が適用されます。2.上記利率は、標準的な貸付利率です。適用利率は、信用リスク（担保の有無を含む。）等に応じて所定の利率が適用されますので、詳細は営業部店にお問い合せ下さい。3.遅延損害金の割合は、8.9%です。（平成31年4月1日から令和2年3月31日までの貸付け）			

21　日本政策金融公庫ホームページより

3　防災・減災設備への税制優遇

(1)　防災・減災設備による事前対策の必要性

中小企業は、大企業と比較して経営資源が脆弱であり、ひとたび自然災害に見舞われた場合、経営に大きな影響を受ける可能性が高く、実際に、防災・減災設備による事前対策不足を要因とする失敗例が報告されている。

■中小企業の失敗例

業種	失敗例
旋盤加工業	豪雨発生時に近隣の河川が氾濫、工場が浸水すると同時に大量の土砂が流入し、主要生産設備等が全て水没あるいは土砂に埋もれてしまい使用不能となった。電気系統など、重要設備は低い場所に配置しないなどの工夫が必要と認識した。
電気部品製造業	震災発生時のリスクに備えて、事前に工場内の生産設備などに免震・制震対策を施していなかったため、震度5の揺れが発生した際に、設備が転倒、損壊する被害が発生した。
旅館業	災害による大規模停電により、冷凍・冷蔵の食材在庫を大量に廃棄した。

（出典：中小企業強靭化研究会「中間取りまとめ」経済産業省「平成31年度（2019年度）経済産業関係税制改正について」）

地震や台風といった大規模な自然災害により、中小企業には、

①　工場・事務所等の破損や損壊
②　従業員の出勤困難やインフラの途絶による操業の停止
③　販売先・顧客の被災による売上の減少
④　取引先の被災による原材料の供給停止

など様々な被害が発生するものと考えられるが、このような被害による操業停止期間が長いと取引先、売上高の減少といった二次的な被害が発生し、被災前の売上水準に戻るまでに長期を要する傾向にある。

防災・減災設備による事前対策により、このような自然災害による経営への中断リスクの影響をいかに軽減できるかが鍵となり、実際に平時から防災・減災対策に取り組んでいる事業者においては、被災した場合であっても、被害の拡大の回避や復旧支援の獲得、早期の事業再開に成功している事例が存在する。

■事前の防災・減災設備の導入により被害を軽減できた成功例

業種	成功例
製造業	災害の発生時の事業継続の対応指針、目標復旧時間などをあらかじめ策定し、通常操業の目標再開時期を実現するため、止水板、排水ポンプなどの設備を準備した。
データセンター	サーバーがダウンしないよう、制震ラックを導入するとともに、地震発生時においても、最低限必要不可欠な電力を確保するため、サーバーが最低限稼働できる非常用発電機を導入。 東日本大震災においてもサーバーなどには影響が生じず、翌日以降、被災状況の確認や災害復旧支援などを実施できた。
廃棄物処理業	津波で工場が全壊したが、①自家発電で津波情報を把握し避難、②別地域の同業他社20社と緊急時の協力体制を構築、③復旧工事業者と災害時の優先工事の取決めにより、顧客を失わずに済んだ。
電気部品製造業	あらかじめ設備等に免震・制震装置を設置していたため、大きな揺れがあったが、設備等に大きな被害は生じなかった。
プレス加工業	棚の固定や機器等の落下防止対策を実施していたため、地震発生時に重要な金型の落下を防止。また、被災翌日に取引先に自社状況を報告していたことで、取引先の安心感につながった。

（出典：中小企業強靭化研究会「中間取りまとめ」経済産業省「平成31年度（2019年度）経済産業関係税制改正について」）

このほかにも、冷蔵庫の電気系統を高所に配置することで浸水による影響を最小限にとどめたケースなど、事前対策が被害軽減等に効果を発揮したケースは、実際に存在していることから、中小企業においても防災・減災設備による事前対策が必要である。

(2) 防災・減災設備への税制優遇

中小企業は、大企業と比して規模は小さくとも、営利を目的として事業活動を行う1つの主体であり、国による支援は、「自助」、「共助」が前提となる。中小企業が自ら自然災害に備えて事前に防災・減災設備を導入することは、それが一定のコスト負担を伴うものであるとしても、「自助」、「共助」の観点から、必要であると考えられる。

一方で、経営資源上の課題から、中小企業において、防災・減災設備を導入するハードルの高さが指摘されている中で、税金面から防災・減災設備の設備投資を優遇する制度が、中小企業防災・減災投資促進税制（特定事業継続力強化設備等の特別償却制度）である。

制度の詳細については後述するが、中小企業が災害への事前対策を強化するための設備投資を後押しするため、事業継続力強化計画又は連携事業継続力強化計画に記載された対象設備となる防災・減災設備に対して、特別償却（20%）を講じるものである。

具体的な対象設備としては、河川の氾濫等の水害を防ぐための止水板、水害からの早期復旧を果たすための排水ポンプ、地震発生時におけるサーバーのダウンを防ぐための制震ラック、停電時の自家発電のための非常用発電機といった設備があげられる。

4　補助金の優先採択等の支援措置

「事業継続力強化計画」の認定を受けた事業者は、国や地方自治体が行う補助金事業において、優先的に採択されることが公表されている。具体的な加点方法等については不明確だが、令和元年8月公募開始の平成30年度補正「ものづくり・商業・サービス生産性向上促進補助金」2次公募で加点対象となることが公表された（次頁、36頁[22]参照）。先端設備等導入計画の制度[23]がスタートした際と同様に、新しい制度を開始する際にはその制度の拡がりを加速させるために、他の補助金の採択にも今後加点となる可能性がある。

「事業継続力強化計画」の認定による加点の有無が、補助金採択の可否の分かれ目になる可能性もあるため、令和元年8月以降、ものづくり補助金を申請する際には、極力、事前に「事業継続力強化計画の認定」を受けるべきである。

現状、加点対象になることが公表されている補助金は、ものづくり補助金のみであるが、今後、その他の補助金についても加点対象となる可能性がある。

例えば、持続化補助金、IT補助金、事業承継補助金など、「事業継続力強化計画」を作成し、その計画に従って、自然災害に備えることが、それぞれの補助金の趣旨に合致する場合には、将来的に加点対象となる可能性がある。

22　全国中小企業団体中央会ホームページより

23　「先端設備等導入計画」とは、生産性向上特別措置法において措置された、中小企業・小規模事業者等が、設備投資を通じて労働生産性の向上を図るための計画。この計画は、所在している市区町村が国から「導入促進基本計画」の同意を受けている場合に、認定を受けることができる。認定を受けた場合は税制支援などの支援措置を受けることができる制度である。

■平成30年度補正ものづくり・商業・サービス生産性向上促進補助金【2次公募要領】

平成３０年度補正

ものづくり・商業・サービス生産性向上促進補助金

【２次公募要領】

本事業は、中小企業・小規模事業者等が取り組む、生産性向上に資する革新的なサービス開発・試作品開発・生産性プロセスの改善に必要な設備投資等を支援するものです。

事業の概要

事業の目的

足腰の強い経済を構築するため、生産性向上に資する革新的サービス開発･試作品開発･生産プロセスの改善を行うための中小企業･小規模事業者等の設備投資等の一部を支援します。

対象要件

認定支援機関の全面バックアップを得た事業を行う中小企業･小規模事業者等であり、以下の要件のいずれかに取り組むものであること。

･「中小サービス事業者の生産性向上のためのガイドライン」で示された方法で行う革新的なサービスの創出･サービス提供プロセスの改善であり、3～5年で、「付加価値額」年率3%及び「経常利益」年率1%の向上を達成できる計画であること。

または、

･「中小ものづくり高度化法」に基づく特定ものづくり基盤技術を活用した革新的な試作品開発･生産プロセスの改善であり、3～5年で、「付加価値額」年率3%及び「経常利益」年率1%の向上を達成できる計画であること。

事業の詳細

1 一般型：中小企業･小規模事業者等が行う革新的なサービス開発･試作品開発･生産プロセスの改善に必要な設備投資等を支援。
（補助額：100万円～1，000万円、補助率：1／2以内（※[1]、※[2]））

2 小規模型：小規模な額で中小企業･小規模事業者等が行う革新的なサービス開発･生産プロセスの改善を支援。
（補助額：100万円～500万円、補助率：1／2以内（※[1]、※[2]、※[3]））

※[1] 生産性向上特別措置法（平成30年法律第25号）に基づき、令和元年7月31日までに固定資産税の特例率をゼロとする措置をした市区町村において、補助事業を実施する事業者が「先端設備等導入計画」の認定を平成30年12月21日の閣議決定後に新たに申請し、認定を受けた場合（変更申請の場合は新規の設備等導入を伴う計画であること）の補助率は2／3以内。

※[2] 3～5年で、「付加価値額」年率3%及び「経常利益」年率1%に加え、「従業員一人当たりの付加価値額」（＝「労働生産性」）年率3%を向上する中小企業等経営強化法に基づく経営革新計画を、平成30年12月21日の閣議決定後に新たに申請し承認を受けた場合の補助率は2／3以内。

※[3] 小規模企業者･小規模事業者、常時使用する従業員が20人以下の特定非営利活動法人の補助率は2／3以内。

●1･2共通　生産性向上に資する専門家を活用する場合　補助上限額30万円アップ

２０１９年８月

全国中小企業団体中央会

都道府県地域事務局

■平成30年度補正ものづくり・商業・サービス生産性向上促進補助金【2次公募要領】26頁

（2）「事業継続力強化計画」または「連携事業継続力強化計画」の認定取得（認定申請書中の共同申請者である場合も加点対象）について（すべての事業類型が対象）

「有効な期間の事業継続力強化計画または連携事業継続力強化計画の認定を応募申請時に受けている（認定申請中を含む）」に☑を付した方は、以下の書類を提出（添付）してください。

応募申請時点の認定状況	必要書類
認定済み	①「事業継続力強化計画」または「連携事業継続力強化計画」に係る認定通知書の写し ②「事業継続力強化計画」または「連携事業継続力強化計画」に係る認定申請書（（別紙）「事業継続力強化計画」または「連携事業継続力強化計画」を含む）の写し ※ 採択された場合、改めて提出する必要はありません
認定申請中	申請済みの「事業継続力強化計画」または「連携事業継続力強化計画」に係る認定申請書（（別紙）「事業継続力強化計画」または「連携事業継続力強化計画」を含む）の写し ※ 採択された場合、交付申請時に「事業継続力強化計画」または「連携事業継続力強化計画」に係る認定通知書の写しを提出する必要があります

※（1）法令に基づく各種取得計画について及び（2）事業継続力強化計画または連携事業継続力強化計画の認定取得について記載されている認定申請中（承認申請中）とは、加点対象となる各種計画について、それぞれ指定された経済産業局・都道府県等に申請書を提出済みであることを指します（記載後、実際に窓口に提出をせず手元に保管されている場合等は、「申請中」とはなりません）。

「申請中」の場合、交付決定を受けるためには、認定（承認）後に速やかに認定（承認）通知書の写し及び認定を取得した当該計画の写しの提出が必要です。計画申請を当補助事業への応募時点で行っていなかったことが判明した場合、採択を取り消しますのでご留意ください（経済産業局等から袋とじ状で返送される認定通知書及び認定申請書には、経済産業局等が当該申請を受け付けた日が分かる受理印が押印されています）。

「当該認定申請書（または承認申請書）が受付された日が分かる資料」とは、認定申請書（または承認申請書）が指定された行政窓口で受付された日を、以下のような方法などにより当該窓口担当者等が証したものをいいます。

※　（1）の法令に基づく計画の承認・認定取得については、複数種類の計画の承認・認定取得をした場合であっても、加点は１回のみとなります。

※　有効な期間とは、応募申請時から２０２０年１月３１日までの期間と、各種取得計画の実施期間（時期等）が１日でも重なる期間があることを指します。

近年では、令和元年の台風第19号など、過去に例を見ない数々の大きな自然災害が発生している。防ぐことのできない自然災害から今後の日本の中小企業を守るため、「事業継続力強化計画認定制度」の重要性がさらに注目されなければならない。

補助金の加点要素となることのみに固執せず、積極的に「事業継続力強化計画」を作成するべきである。いつどこで発生するかわからない自然災害に対して、自社で万全に備えておくことは、企業を守り、さらなる利益を追求する上で、重要であることを再認識していただきたい。

(1)　小規模事業者持続化補助金[24]

小規模事業者持続化補助金とは、小規模事業者の事業を継続・発展させるために、商工会及び商工会議所のサポートを受けながら経営企画書を作成し、計画に沿って行う事業に対して補助金を支給し、支援する制度である。

経営資源が不足しがちな小規模事業者の悩みを商工会議所がサポートし、解消することによって、小規模事業者の事業を発展させ、将来的には地域の発展につながることを期待している。小規模事業者の継続・発展のための支援という趣旨を考慮すると事業継続力強化計画認定制度と同様の目的であり、将来的に事業継続力強化計画の認定が補助金認定の加点項目になる可能性が高いと考えられる。

24　日本商工会議所ホームページ「平成30年度第2次補正予算　日本商工会議所　小規模事業者持続化補助金」より

①　補助対象者

■小規模事業者の定義

業種	従業員数
卸売業・小売業	常時使用する従業員の数　5人以下
サービス業のうち宿泊業・娯楽業	常時使用する従業員の数　5人以下
サービス業のうち宿泊業・娯楽業	常時使用する従業員の数　20人以下
製造業その他	常時使用する従業員の数　20人以下

②　補助額

50万円まで。共同申請する場合は、上限500万円（50万円×10者）

③　補助率

補助対象経費の3分の2

④　補助対象経費

①機械装置等費、②広報費、③展示会等出展費、④旅費、⑤開発費、⑥資料購入費、⑦雑役務費、⑧借料、⑨専門家謝金、⑩専門家旅費、⑪車両購入費（買い物弱者対策事業の場合に限る）、⑫設備処分費（補助対象経費総額の2分の1が上限）、⑬委託費、⑭外注費

⑤　補助対象事業

策定した「経営計画」に基づき、商工会議所の支援を受けながら実施する地道な販路開拓等のための取組であること。あるいは、販路開拓等の取組とあわせて行う業務効率化（生産性向上）のための取組であることとして、下記の事例を掲載している。

《補助対象となり得る取組事例》

(1)　地道な販路開拓等の取組について

- 新商品を陳列するための棚の購入 ……【①機械装置等費】
- 新たな販促用チラシの作成、送付 ……【②広報費】
- 新たな販促用PR（マスコミ媒体での広告、ウェブサイトでの広告）……【②広報費】
- 新たな販促品の調達、配布 ……【②広報費】
- ネット販売システムの構築 ……【②広報費】
- 国内外の展示会、見本市への出展、商談会への参加 ……【③展示会出展費】
- 新商品の開発 ……【⑤開発費】
- 新商品の開発にあたって必要な図書の購入 ……【⑥資料購入費】
- 新たな販促用チラシのポスティング ……【⑦雑役務費】等
- 国内外での商品PRイベント会場借上 ……【⑧借料】
- ブランディングの専門家から新商品開発に向けた指導、助言 ……【⑨専門家謝金】
- （買い物弱者対策事業において）移動販売、出張販売に必要な車両の購入 ……【⑪車両購入費】
- 新商品開発にともなう成分分析の依頼 ……【⑬委託費】
- 店舗改装（小売店の陳列レイアウト改良、飲食店の店舗改修を含む。）……【⑭外注費】

※「不動産の購入・取得」に該当するものは不可。

⑵　業務効率化（生産性向上）の取組について

【「サービス提供等プロセスの改善」の取組事例イメージ】

・業務改善の専門家からの指導、助言による長時間労働の削減……【⑨専門家謝金】

・従業員の作業導線の確保や整理スペースの導入のための店舗改装……【⑭外注費】

【「IT利活用」の取組事例イメージ】

・新たに倉庫管理システムのソフトウェアを購入し、配送業務を効率化する ……【①機械装置等費】

・新たに労務管理システムのソフトウェアを購入し、人事・給与管理業務を効率化する……【①機械装置等費】

・新たにPOSレジソフトウェアを購入し、売上管理業務を効率化する ……【①機械装置等費】

・新たに経理・会計ソフトウェアを購入し、決算業務を効率化する……【①機械装置等費】

⑵ IT補助金[25]

飲食・宿泊・卸売・小売・建設・運輸・医療・介護・保育をはじめ、幅広い業種の中小企業・小規模事業者における生産性向上のため、業務プロセスの改善と効率化に資するソフトウェアとそれに係る役務等（以下「ITツール」という。）を導入する事業を実施する者に対して、経費の一部を補助する制度である。

自社の置かれた環境から強み・弱みを認識、分析し、把握した経営課題や需要に合ったITツールを導入することで、業務効率化・売上アップを図ることを目的としている。BCPとはあまり関係がないよう

25　サービスデザイン推進協議会「IT導入補助金2019」ホームページより

にみえるが、ITツールの中には生産性向上はもちろん、BCP対策として使えるものがある。例えば、クラウドPBXである。

通常、ビジネスフォンは床の下などを有線で通し、番面が変われば都度手作業で変更するなど、手間や時間の掛かるものであったが、それを無線で、番面変更などもクラウド上で行うよう開発がされたものが、クラウドPBXである。例えば、大阪事務所が災害のため非稼働となった場合、大阪事務所の入電を東京事務所で受けられるように遠隔で設定することができたり、台風で出勤ができず在宅で稼働しようとなった際、携帯電話で受電を受けることができるようにするなど、BCP対策としても十分活用できるITツールである。

IT導入補助金を活用することで、このようなITツールが導入可能となっているため、BCP対策としても活用できる。IT導入補助金の目的としてBCP対策が含まれることを考慮すると、将来的に事業継続力強化計画の認定が補助金認定の加点項目になる可能性も高いと考えられる。

①　補助対象者

■中小企業・小規模事業者等の定義

業種分類	資本金（資本の額又は出資の総額）	従業員（常勤）
①製造業、建設業、運輸業	3億円	300人
②卸売業	1億円	100人
③サービス業（ソフトウェア業又は情報処理サービス業、旅館業を除く）	5,000万円	100人
④小売業	5,000万円	50人
⑤ゴム製品製造業（自動車又は航空機用タイヤ及びチューブ製造業並びに工場用ベルト製造業を除く）	3億円	900人
⑥ソフトウェア業又は情報処理サービス業	3億円	300人
⑦旅館業	5,000万円	200人
⑧その他の業種（上記以外）	−	300人
⑨医療法人、社会福祉法人	−	300人

②　補助額

A類型：40万円〜150万円未満

B類型：150万円〜450万円

③　補助率

2分の1以内

④　補助対象経費

ソフトウェア費、導入関連費

(3)　事業承継補助金[26]

事業承継補助金とは、後継者不在等により、事業継続が困難になることが見込まれている中小企業、個人事業主、特定非営利活動法人（以下「中小企業者等」という。）が、経営者の交代や、事業再編・事業統合を契機とした経営革新等を行う場合に、その取組に要する経費の一部を補助する制度である。中小企業者等の世代交代を通じた経済の活性化を図ることを目的としている。

事業承継により事業の継続を図る事業者につき、「事業継続力強化計画」の認定を受けている事業者は、他の事業者よりも確実に事業を継続すべく、災害について備えている点で、将来的に事業継続補助金の申請において加点となる可能性が高いと考えられる。

①　補助対象となる事業承継

後継者承継支援型

事業承継（事業再生を伴うものを含む）を行う中小企業者等であり、以下の要件を満たすことが必要。ただし、承継者が法人の場合、事業譲渡や株式譲渡等による承継は対象とならない。

- 経営者の交代を契機として、経営革新等に取り組む者であること。
- 産業競争力強化法に基づく認定市区町村又は認定連携創業支援等

26　事業承継補助金事務局「平成30年度第2次補正　事業承継補助金　2次公募 公募要領」より

事業者により特定創業支援等事業を受ける者など、一定の実績や知識などを有している者であること。
- 地域の需要や雇用を支える者であり、地域の需要や雇用を支えることに寄与する事業を行う者であること。

事業再編･事業統合支援型

事業再編・事業統合等を行う中小企業者等であり、以下の要件を満たすことが必要。後継者不在により、事業再編・事業統合等を行わなければ事業継続が困難になることが見込まれている者に限る。

- 事業再編・事業統合等を契機として、経営革新等に取り組む者であること。
- 産業競争力強化法に基づく認定市区町村又は認定連携創業支援等事業者により特定創業支援等事業を受ける者など、一定の実績や知識などを有している者であること。
- 地域の需要や雇用を支える者であり、地域の需要や雇用を支えることに寄与する事業を行う者であること。

■中小企業者等の定義

業種分類	定義
製造業その他 ※1	資本金の額又は出資の総額が3億円以下の会社又は常時使用する従業員の数が300人以下の会社及び個人事業主
卸売業	資本金の額又は出資の総額が1億円以下の会社又は 常時使用する従業員の数が100人以下の会社及び個人事業主
小売業	資本金の額又は出資の総額が5,000万円以下の会社又は常時使用する従業員の数が50人以下の会社及び個人事業主
サービス業 ※2	資本金の額又は出資の総額が5,000万円以下の会社又は常時使用する従業員の数が100人以下の会社及び個人事業主

※1　ゴム製品製造業（一部を除く）は資本金3億円以下又は従業員900人以下
※2　旅館業は資本金5,000万円以下又は従業員200人以下、ソフトウェア業・情報処理サービス業は資本金3億円以下又は従業員300人以下

■小規模事業者の定義

上記の「対象となる中小企業者等」の要件を満たし、以下の定義に該当する者。

業種分類	定義
製造業その他	従業員 20人以下
サービス業のうち宿泊業・娯楽業	従業員 20人以下
商業・サービス業	従業員 5人以下

②　補助額・補助率

タイプ	申請の内容	補助率	補助金額	上乗せ額※1
【Ⅰ型】 後継者承継支援型	• 小規模事業者 • 従業員数が小規模事業者と同じ規模の個人事業主	2/3以内	100万円以上～200万円以内	＋300万円以内※2 補助上限額の合計は500万円
	小規模事業者以外	1/2以内	100万円以上～150万円以内	＋225万円以内※2 補助上限額の合計は375万円
【Ⅱ型】 事業再編・事業統合支援型	審査結果上位	2/3以内	100万円以上～600万円以内	＋600万円以内※2 補助上限額の合計は1200万円
	審査結果上位以外	1/2以内	100万円以上～450万円以内	＋450万円以内※2 補助上限額の合計は900万円

※1　事業転換（少なくとも1つの事業所又は事業の廃業・廃止をともなうもの）により廃業登記費、在庫処分費、解体・処分費、原状回復費及び移転・移設費（Ⅱ型のみ計上可）がある場合のみ認められる補助金額。なお、上乗せ額の対象となる廃業登記費、在庫処分費、解体・処分費、原状回復費及び移転・移設費（Ⅱ型のみ計上可）のみの交付申請はできないので注意すること。

※2　廃業登記費、在庫処分費、解体・処分費、原状回復費及び移転・移設費（Ⅱ型のみ計上可）として計上できる額の上限額。

③ 補助対象経費

補助事業を実施するために必要となる経費で、事務局が必要かつ適切と認めたもの。また、以下の①、②、③の条件を全て満たす経費である必要がある。

① 使用目的が本事業の遂行に必要なものと明確に特定できる経費
② 承継者が交付決定日以降、補助事業期間内に契約・発注を行い支払った経費（原則として、被承継者が取り扱った経費は対象外）
③ 補助事業期間完了後の実績報告で提出する証拠書類等によって金額・支払等が確認できる経費

第3章

災害発生前の対策

1　BCP計画の必要性と作成方法

(1) BCP（事業継続計画）とは

BCPとはBusiness Continuity Planの略であり、「事業継続計画」と呼ばれているが、その名のとおり、有事においても事業を継続させるための計画、すなわち、大地震や津波・洪水・台風などの自然災害やインフルエンザのような感染症、不測のテロ・大事故などが発生しても、企業が重要な事業を中断させない、又は、中断したとしても可能な限り短い時間で復旧させるための方針、体制、手順を示した計画のことをいう。

東日本大震災のような巨大地震や昨今の台風による河川の氾濫・洪水といった自然災害が突然発生したら、一体どれだけの人が通常どおりに行動できるであろうか。どれだけ心構えを持っていたとしても、平常時の想定を超えるような災害が発生したような場合、普段どおりの落ち着いた判断力をもって冷静に行動するのは、かなり難しいといわざるを得ない。

しかし、有事において、完璧とはいえないまでも最低限の備えと対応ができているだけでも、災害後の復旧スピードは格段に違ってくるといえる。

そこで、このような有事が発生したとき、限られた人員と設備で数ある通常業務の中でも優先度の高い重要な業務は継続させ、許容されるサービス水準を維持し、許容される期間内に復旧できるように、事前に代替リソースを準備し、有事に誰がどう動けばよいか規定しておくことがBCPの重要ポイントとなる。

■BCP概念イメージ図

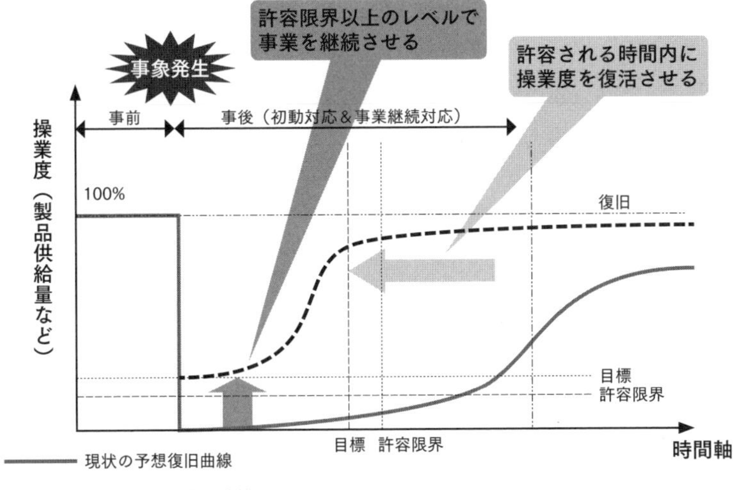

（出典：内閣府ホームページ「事業継続計画の概念イメージ」）

上掲の概念イメージ図は、BCPを準備しておくことによって、災害発生直後における企業の操業度を最低限維持することができると同時に、災害発生から復旧を行うまでの期間を短くすることができることを示している。

①　BCPが注目されている経緯

このBCPであるが、昨今、様々な自然災害が想定の範囲を超えて頻発している状況でもあるなか、以下の経緯をもって注目されている。

a）自然災害をはじめとする外的リスクの増大

平成7年の阪神・淡路大震災以降、日本では大地震や火山の噴火の発生頻度が増加しており、加えて、強毒性の新型ウィルスの発生や近隣国との紛争リスクなど、新たな脅威の発生も指摘されている。

また、インターネットやソーシャルネットワークサービス（SNS）の普及により、従来では考えられない速度で企業の不祥事情報が社会に拡散するようにもなっており、この対応も必要となってきている。

こうした外的（外部環境）リスクが日増しに増大していることが、BCPが注目された経緯の1つとして挙げられる。

b）ビジネス構造の脆弱化

サプライチェーンマネジメントやトヨタ自動車によるジャストインタイム生産方式による供給連鎖の最適化、あるいは自社のコア業務以外を外部に委託するアウトソーシングの拡大やクラウドソーシングの活用による事業の効率化が広がっている。

上記は平常時には効果がある手法であるが、仮に1か所でも連鎖が断ち切れると関連する企業全体が連動して停止してしまうという虚弱性も持っている。そこで、自社だけでなく広い範囲でBCPを導入し全体最適を守る必要があることも、BCPの注目経緯の1つとして挙げられる。

c）大手企業から中業企業への外的圧力の増加（特に系列企業）

BCPの導入は、大企業ほど積極的に取り組む傾向があるものと考えられるが、産業の上流工程にあたる大企業がBCPを導入した場合、これにともない、玉突き式に系列会社や子会社・孫会社へのBCP導入圧力が高まる傾向にあるといえる。

また、過去の大規模災害において、防災対策がおろそかな状況で従業員が死傷したり、BCP作成が不十分だったために債務不履行が発生したりした場合、訴訟を起こされる可能性のあるケースもますます増えてくることが想定されることもBCPの注目経緯の1つとして挙げられる。

②　BCPが必要とされる理由

BCPは、我が国の経済を下支えしている多くの中小企業にとって避けられないものになっており、その対策を行っていないと、有事の際のダメージは測り知れないといえる。「備えあれば憂いなし」を考える必要があるのは、とりわけ中小企業であるといっても過言ではない。

a）BCPの重要性について

BCPの「重要性」と「メリット」について、主なものを取り上げる。

まず、重要性については、主に、以下の3点が挙げられる。

（ア）　大規模（自然）災害時のショックを緩和する
（イ）　サプライチェーンの供給責任を果たす
（ウ）　取引先の信頼度が増す

（ア）大規模（自然）災害時のショックを緩和する

災害や大事故が発生した直後は誰もが大きなショックを受けるのは当然のことである。普通に考えても、大きな災害時には、平常時のような冷静な判断はできないであろう。

しかし、そのような状態であっても、従来以上に経営者には数多くの重要な決断が迫られる状況に置かれることを念頭に置いておく必要がある。

そのような時に事前にBCPが作成してあれば、少なからず精神的なショックを和らげることができ、多少は心に余裕を持って、再建に向けての経営判断を行うことができるはずである。

（イ）サプライチェーンの供給責任を果たす

そもそも、BCPの重要性の認知が広まる1つの契機になった出来事として、地震によって自社の自動車部品工場が被災し、部品製造ができなくなったため、自動車全体の生産が止まってしまったという事例がある。

自動車の部品に限らず、我が国のあらゆる産業でサプライチェーンが構築されており、1つの部品の製造が止まったら全体の製造が止まってしまうというリスクを抱えている。

このサプライチェーンとしての責務を果たすという意味でも、BCPを作成して非常事態であっても重要な部品だけは最低限製造できるようにするなどの対策を行うことが重要になってくる。

（ウ）取引先の信頼度が増す

BCPを作成していることを取引先に伝えることで、取引先に対して、自社はいざという時でも製品・商品・サービスを供給してくれるのだという信頼感・安心感を与えることができる。

中小企業にとっては、大手得意先の確保・維持は重要な経営課題の1つであるが、昨今、大手企業による率先的なBCP作成が増加している状況に鑑みれば、BCP作成は避けられない局面にきていると思われる。

b）BCPのメリットについて

次に、そのメリットについては、主に、以下の3点が挙げられる。

（ア）経営面での被害を最小限に食い止められる
（イ）重要業務や優先度が可視化される
（ウ）自社の強みと弱みを再認識できる

（ア）経営面での被害を最小限に食い止められる

防災マニュアルなどがまったく何もない状態よりも、大規模災害やテロなどの緊急事態が起こった際、そのような非常事態にすぐに対応できるという点において、BCP最大のメリットといえる。

重要（中核）事業を早期復旧することで、経営面での被害を最小限にとどめることができるという点は、一番に挙げられるべきメリットであり、BCPの必要性とも強くリンクするものと考えられる。

（イ）重要（中核）業務や優先度が「見える化」される

BCPを策定する過程では、どの事業・業務を最優先して復旧させるかを入念に話し合う必要がある。

自社にとって最優先すべき重要（中核）業務を把握することで、「見える化」に伴う今後の経営戦略の立案や見直しの契機ともなる。

（ウ）自社の強みと弱みを再認識できる

BCP作成を機会に、あらためて自社の事業構造を再確認してみると、オペレーションをストップすると致命的な部分が「見える化」されるため、自社の強みと弱みをはっきりと把握することができる。

その点をBCPに盛り込みつつ、平常時業務を見直して、リスクヘッジ対策を行うことも可能である。

⑵ BCP計画の作成方法

① BCPとBCM

BCPと似た言葉でBCMという言葉がある。これは、Business Continuity Managementの略であり、「事業継続マネジメント」と呼ばれている。BCPは計画であり、BCMはマネジメント全般について指すより広義の概念といえる。

BCMではリスクに対する管理体制をPDCAサイクルで回していくことがポイントとなるが、そのP（プラン）の部分を構成するのがBCPであるといえる。

② BCMの全体像について

内閣府より開示されているBCMの全体像のイメージは、以下のとおりである。

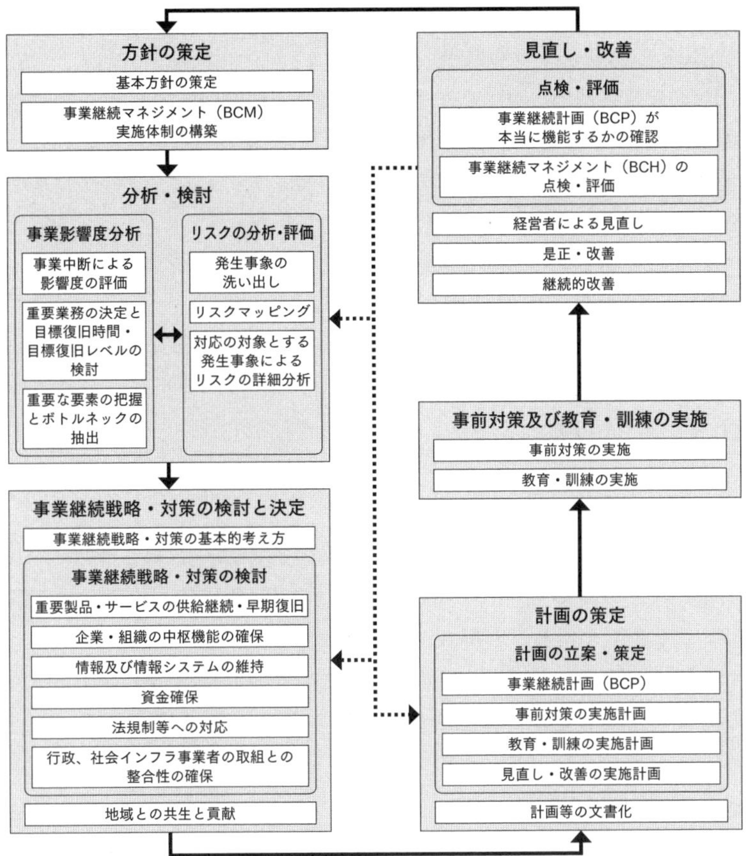

(出典：内閣府ホームページ「事業継続マネジメントの各プロセス」)

③　BCP作成にあたってのポイント（事前準備）

BCP作成にあたり事前準備としては、「どのようなときにBCPが発動されるか」、「対応チーム体制を決めておく」の2点が挙げられる。

a）BCPの発動基準の明確化

BCPの発動基準とは、その名のとおり、初期対応でのBCPを発動させる災害のレベル水準（例：地震の震度や津波の高さ等）をいう。

緊急時において、BCPを有効に機能させるためには、その発動基準を明確にしておくことが非常に重要となる。

また、地域によって、想定される災害は異なり、災害ハザードマップ等も確認の上、個別検討する必要がある。

以上を踏まえ、明確なBCPの発動フローを事前に検討しておく必要がある。一般的には、（ア）緊急対策本部の設置、（イ）被害状況の確認、（ウ）代替手段による事業継続と復旧活動の3ステップが多い。

（ア）緊急対策本部の設置

最初に対応するべきは、緊急対策本部の設置である。あらかじめ「本社等」と定めておき、BCP発動後遅くとも6時間以内に設置し、以下のような体制を組むことがスタートとなる。

また、本社ビルも被災してしまうことも想定し、可能であれば複数の場所を検討しておくことが望まれる。

（イ）被害状況の確認

二次被害に備えるためにも、以下について被害状況を確認することが重要となる。

・事業所内外の被災状況の把握

事業所が重要（中核）事業を復旧できる状況にあるか確認する。PCなどの機器の破損状況や、建物損壊の危険性がないかを確かめ、その後の対応・指示を出す場所をまず確保する。

また、重要書類を事業所内の安全な場所に移動させるか、事業所外へ持ち出す。重要書類が損傷した場合は、あらかじめ別の場所に保管していた書類のコピーで対応する。

・周辺地域の状況の把握

社外と連絡が取れるかを、ラジオ、インターネット（ウェブサイト、SNS）、テレビ、電話問合せなどを活用し、交通機関の混乱状況やライフラインの状況を確認の上、災害の全体的状況を把握する。

災害時には携帯電話が活用できないことも多く、災害時伝言ダイヤルやメッセージを活用することも推奨される。

・取引先の安否の確認

自社の損失が少なくても、取引先が甚大な被害を受けていれば事業の復旧が困難になる。特に、甚大な地震の場合は、自社に大きな損害が生じていなくても、他の地域で大きな被害が発生し、取引先が被災しているなど、間接的な影響が予想されるため、他の地域の状況も確認しておく必要がある。

（ウ）代替手段による事業継続と復旧活動

被害状況を把握し次第、代替手段を用いて事業の継続と復旧を図ることになる。具体的には、建物の修理対応や経営資源の確保を行う。

経営資源の調達方法は、取引先や交通の状況などによって変わるため、臨機応変な選択が必要である。

ある程度の初期対応を行ったら、従業員の帰宅の安全も考慮しなければならない。今後の方針を従業員に周知し指示を出した上で、帰宅させるかどうかを慎重に検討する。

b）BCPチーム体制の編成

BCP作成にあたっては、発動後、事業継続方針に従って、各自役割分担して復旧作業を進めていくことになる。具体的には、「復旧対応」、「外部対応」、「資金対応」、「バックオフィス対応」の4チームに分けられる。

（ア）復旧対応チーム

事業継続という目的の下で、必要な資源の代替調達や早期復旧を担うことになる。例えば、建物修理対応、中核事業に係るボトルネック資源や供給品の調達が挙げられる。通常ルートからの調達が困難な場合、代替ルート（協力業者や搬送方法）による調達も検討する。

（イ）外部対応チーム

外部顧客及び協力会社といった関係者と、取引調整・取引復元を協議する役割を担う。取引調整とは、外部顧客に対して今後の納品等の計画を説明し了解を得ることである。必要に応じて、協力会社や他社での一時的な代替生産等を調整する。

取引復元とは、自社や協力会社の事業資源が復旧した時点で、代替生産を引き上げ、外部顧客に被災前の取引に復元してもらうことである。

（ウ）資金対応チーム

中核事業の復旧を財務面からサポートし、当面の運転資金を確保した上で、事業復旧のため資金調達する役割を担う。

必要に応じて、公的機関である地方自治体等の制度による緊急貸付や金融機関による災害時支援対応（リスケジュール等）を受ける。

また財務診断結果から、建物や生産機械の修理費用など復旧に必要な費用を見積もった上で、損害保険や共済の支払を受けたり、有価証券等の資産の売却等、事業継続に向けた資金調達を行う。

（エ）バックオフィス対応チーム

従業員と事業継続について情報共有を行うとともに、従業員に対して可能な限り生活支援を行う役割を担う。食事や日用品、仮住居の提供などが挙げられる。また、数日分の飲料水や非常用食料のストック等の検討も行う。

④　具体的な作成方法・プロセス

BCP作成にあたってのポイント（事前準備）を踏まえて、以下、具体的な作成方法・プロセスについて順次説明する。

a）BCMの策定

まずはBCPを含む全体増となるBCMを策定する。

BCMを策定するにあたっては、自社が社会に対して果たすべき役割は何で、自社にとって重要な事項は何なのかを明確にする必要がある。

会社の経営理念やビジョンを見ながら、自社の取引先、株主、従業員などの利害関係者を改めて経営者自身で見直してみるとよい。

経営者は、これをみながら自社の事業継続に対する基本方針を策定し、事業継続の目的やBCMで達成すべき目標も策定する。

また、BCMを構築していくにあたって、実施体制をどうするのかを考える必要もある。BCMの責任者を誰にして、プロジェクトメンバーとして他には誰を入れるのかを考えていくことになる。

自分たちだけでBCMを作ることができるのか、それとも外部コンサルタントなど、BCMのノウハウを持っている者のアドバイスをもらいながらBCM（BCP）を作成していくのかも検討する必要がある。

b）事業影響度分析（BIA）

（ア）事業中断による影響度の評価

次に行うのが「事業影響度分析（BIA）」である。災害などが発生して生産システムや従業員などが被災すると、社内のリソースが一時的に使用できなくなるため、いつもどおりの仕事ができない状況となる。

そのため、数ある業務の中から優先度の高いものを選んで継続又は早期復旧作業を行っていくことになる。事業影響度分析（BIA）を行うことで、どの業務を優先して取り組むべきなのかを選び、それをいつまでに復旧するのか目標復旧時間を検討し、それを実現するために必要な経営資源を特定する必要がある。

事業影響度分析（BIA）では、はじめに事業中断によって会社にどのような影響が出るのかを時系列的にみていくことになる。

具体的には、売上・利益・シェアへの影響、顧客との取引への影響、資金繰りへの影響、従業員への影響、法令や契約への影響など、自社の各事業が仮に止まってしまった場合の影響度をみていく。

この影響度を見た上で、優先的に行うべき業務が何なのかを特定していく。非常時にも優先して取り組むべき事業を決定することがBCP作成上重要であり、「優先順位」が最重要キーワードとなる。

どの顧客にどの商品・製品・サービスをいつまでに届けるのかを考えることは簡単ではない。売上金額の大きい取引先を優先する、若しくは自社オリジナル製品を優先して生産するのも1つの考え方である。

非常時にも優先して取り組むべき業務を5段階評価でランキングするなどして、全ての業務に優先順位を付けていく。

その上で、選択した優先業務について、それぞれどれくらいの時間で復旧させるのか（目標復旧時間：RTO(Recovery Time Objective))、どの水準まで復旧させるのか（目標復旧レベル：RLO(Recovery Level Objective))を考えていく。

各業務について、許容限界を事業影響度の時系列から推測し、一般的にある時点を超えると復旧のためには許容できないラインを検証する。RTOとRLOは、その許容限界のラインを超えないように設定する必要があるが、被害想定結果を踏まえて、無理のない目標を設定することが重要である。

（イ）重要（中核）業務の決定

i 中核事業とは

会社における中核事業を選び出し、その中での優先順位を付ける必要がある。ここでいう「中核事業」とは、それを失うと、会社の経営状態に甚大な影響を与える事業のことである。広義には、会社の信用の損失やブランドイメージの失墜につながる事業も含まれる。

一般的な中小企業の場合は、大企業に比べて事業の数が少ないことから、商品・製品・サービスの種類や顧客といった視点から特定することになるが、この中核事業の特定なくして、有効なBCPは作成できず、まさにBCP作成における肝といえる。

ii 中核事業の決定の仕方

中核事業は、最終的には経営者の判断によって決定されるものであるが、事業規模が決して大きくない会社、特に、多くの中小企業の場合は、中核事業が考えるまでもなく明確な場合も多々ある。

そこで、まず、重要と思われる事業をいくつか挙げて、その中で、財務・顧客・社会要求面から、優先順位を付けていく。

中核事業を特定する際には、事業影響度分析を受けて検討する。会社の事業において、「操業が停止したらどうなるか？」等、以下の中核事業決定における視点をイメージしながら考えることになる。

・売上への寄与度合

会社の売上に最も寄与している事業は何か？

・延滞損害の大きさ

商品・製品・サービスの納期、確約しているサービスの提供時間等、期限を要する事業のうち、その延滞による損害が最も大きい事業は何か？　どの程度の遅延なら許容されるか？

・法的・財政的責務

会社に課せられている法的又は財政的な責務はあるか？　ある場合、それ満たすためには、どの事業が必要か？

・市場シェアや評判

市場シェアや会社の評判を維持するためには、どの事業が重要か？

（ウ）目標復旧時間・レベルの検討

災害時における中核事業復旧の遅れは、その分だけ、事業機会の損失を被っているということになる。事業復旧が大きく遅れると、最悪の場合、主要顧客との取引解消にもつながりかねない。

そこで、事業中断による被害を極力小さく抑えるために、中核事業を復旧させるまでの期限の目安となるRTOを決める必要がある。目標復旧時間を決めるにあたっては、最低限、中核事業にかかわる取引先やサプライチェーンの要請及び会社の財務状況（資金繰り）に基づく持ちこたえられる時間の2つを考慮する必要がある。

RLOは、業務を再開させるにあたり、例えば、生産量を30%→50%→80%と徐々に増加させることを目標として掲げ、30%段階では出荷のみ、50%段階では出荷に加え梱包まで、80%段階では仕入調達まで復旧させ再開するといったように、操業水準を段階的に高めていくことを考える。

中核事業の各重要業務について、仮復旧の段階に応じ、どの業務をどれ位の水準で再開させるかを決めるのが、目標復旧水準の設定である。

c）被災リスク分析

（ア）発生事象の洗い出し

次に、事業影響度分析（BIA）によって決定した非常時優先業務を中断させる被災リスクにはどのようなものがあるのかを分析する。

被災リスクの分析では、まず発生する可能性のあるリスクを全て洗い出す。典型的なリスクとしては、一般的には地震が挙げられるが、他にも風水害、大雪、噴火、停電、断水、通信障害、テロ、火災、インフルエンザ、疫病、取引先の倒産など、被災リスクは数多くある。

大規模災害の典型例として、震度5強以上の震災を想定するパターンが多いと思われる。

（イ）リスクマッピングの実施

このように被災リスクが洗い出されたら、事業影響度とそのリスクの発生可能性を2軸にしてリスクマッピングを行うのが有効である。

企業が備えるべきリスクの全てに対応することは現実的ではない。

重要なのは、自社で備えるべきリスクを洗い出し、そのリスクに優先順位を付ける作業であり、それを整理するために作成するのが「リスクマップ」である。

■リスクマップの例

損害の大きさ	4	地震			
	3	竜巻、洪水 火災、爆発 知的財産権の侵害 粉飾決算 個人情報の漏洩	停電 感染症・伝染病 コンピュータの停止	競合企業の台頭 技術の陳腐化	
	2	漏水 環境汚染 金利の変動	落雷 労使紛争・ストライキ	従業員の士気・モラル低下	有能な人材の流出 人材の過不足
	1	知的財産権の被害者 インサイダー取引 反社会的組織との関係	人権侵害、雇用差別 贈収賄行為	役職員の不正 労働災害	受注ミス、配送ミス 商品の欠陥・瑕疵 クレーム対応の失敗 過労、メンタルヘルス セクハラ、パワハラ
		1	2	3	4
		頻度			

（出典：日本経済新聞出版社「BCP（事業継続計画）入門」）

（ウ）発生事象によるリスクの詳細分析

リスクマッピングが終わったら、非常時優先業務のプロセスを明確にして、それぞれの過程において想定されるリスクによってどのような被害を受けるのかの詳細分析を行う。

d）事業継続戦略・対策の検討及び決定

これまでの取組を行ったら、次に、事業影響度分析（BIA）で設定したRTOやRLOを達成するために、どのような対策やリスク軽減策を実施すべきかを「事業継続戦略」として検討する。

事業継続戦略・対策の基本的な考え方として、非常時優先業務を行うために不可欠な要素、特に、ボトルネック要素をいかに確保するかが重要となる。

このボトルネックを解決するための戦略には、代替戦略と早期復旧戦略の2つがある。

代替戦略は、非常時優先業務を行うために必要な要素の代わりをどうやって他から持ってくるかというものであり、早期復旧戦略は、想定される被害からどのように防御・軽減・復旧するのかというものである。

大企業だと、別工場生産やバックアップセンターの利用などが考えられるが、中小企業の現実的な対策は、相互代替生産協定などの締結が考えられる。

代替戦略によって自社で代替拠点を確保することができれば、地震、洪水、テロなど幅広いリスクに対して有効性が高いが、自社で代替拠点を持つことの平常時の費用や採算性が課題となり、会社としてどれくらい費用をかけるかの検討が必要である。

以上より、費用対効果の面から、代替戦略と早期復旧戦略の2つを組み合わせて考えていくのが現実的である。このためには、(ア) 重要サービス・製品の供給継続・早期復旧、(イ) 中枢機能の確保、(ウ) 情報システムの維持、(エ) 資金確保の観点から検討を進める必要がある。

(ア) 重要サービス・製品の供給継続・早期復旧

BCMの最も重要な柱であり、非常時に優先して取り組まなければならない自社の重要業務を行うための方法を考える必要がある。

（イ）中枢機能の確保

非常時には平常時以上に、会社全体の情報収集、迅速な意思決定、今後の自社方針の情報発信などの業務を行う必要がある。特に、本社などの重要拠点が被害を受けた場合、中枢機能が停止する可能性があり、非常時優先業務を行う上で大きな制約要因になるため、これを防ぐための戦略を考える必要がある。

（ウ）情報システムの維持

現行業務はPCによるものが多く、災害時に情報システムをすぐ復旧させることは非常時優先業務を行う上でも重要である。重要な社内情報のバックアップ、情報システムの電源確保や回線二重化などが対策として考えられる。

（エ）資金確保

企業が被災すると売上がストップする一方、人件費や調達先への支払は発生するため、資金繰りに大きな影響を与える。そのために平常時から保有キャッシュに余裕を持たせておくと同時に、保険や災害時ローンなどの利用等を事前検討しておくことが望ましい。

e）BCPの作成

これまで作成したBCMを基に、事業継続計画（BCP)、事前対策の実施計画、教育・訓練の実施計画、見直し・改善の実施計画を作成する。

まず、BCPについては、非常時優先業務の目標復旧時間・目標復旧レベルを実現するための対策・体制・手順などを落とし込んでいく。

事前対策の実施計画については、事業継続戦略の作成段階で平常時のうちから実施して準備が必要なものについて、詳細な内容を検討し、担当者の決定、予算確保や必要な資源確保を行う。

教育・訓練の実施計画については、BCPを有効に実施していくための経営者、役員、従業員に対する教育・訓練の実施体制、年間の教育・訓練の目的、対象者、実施方法、実施時期などを計画に落とし込んでいく。

見直し・改善の実施計画については、BCPの実際に運用にともない、実態に即していない部分の定期的な見直しによる修正・改善を図る必要が出てくる。

f）事前対策及び教育・訓練の実施

BCP作成後は、それで終わらせず、その運営体制を強化するためにも教育・訓練をしっかりと行い、全員が各自で重要性を認識しておく必要がある。

また、有事にはマニュアル読込みの時間的な余裕がないので、教育・訓練を通して、BCPの周知を図ることも重要である。

教育・訓練の方法については、講義形式、eラーニング形式、外部の専門家によるセミナー形式、ワークショップ形式など様々な形態がある。

g）見直しと改善

BCPは、有効性の低下や内容の陳腐化を防ぐために見直しと改善を図っていく必要がある。PDCAサイクルを回していくことで、より災害などに強い体制を築くことができる。このタイミングは、防災訓練などで課題が浮き彫りになった時や、事業内容・業務プロセスが変更した時になる。

また、それとは別に定期的な更新を行う必要もある。BCPの見直しをする際には、人事異動や取引先の変更、利害関係者との関係変化、法令の変化など、企業を取り巻く様々な環境変化にBCPが合致しているのかを確認する。

2 災害対策に関する設備投資減税（令和元年度税制改正を中心に）

(1) 制度創設の背景

自然災害に対する中小企業の防災・減災対策を促進するため、「中小企業強靭化法」が令和元年7月16日に施行された。

同法に基づき防災・減災の事前対策に取り組む中小企業が「事業継続力強化計画」を策定し、経済産業大臣の認定を受けた場合、信用保証枠の追加、低利融資、防災・減災設備への税制優遇、補助金の優先採択等の支援措置を受けることができる。

当該支援策の一環として、特に中小企業における自然災害に対する防災・減災対策のための設備投資を促進することを目的として創設されたのが、特定事業継続力強化設備等の特別償却制度（中小企業防災・減災投資促進税制）である（措法11の4、44の2、68の20）。

(2) 中小企業防災・減災投資促進税制の概要

この制度は、中小企業強靭化法に基づく「事業継続力強化計画」又は「連携事業継続力強化計画」の認定を受けた青色申告書を提出する中小企業者等が、当該計画に基づいて、指定期間内に一定の設備（特定事業継続力強化設備等）への投資を行う場合に、20％の特別償却を認めるものである。

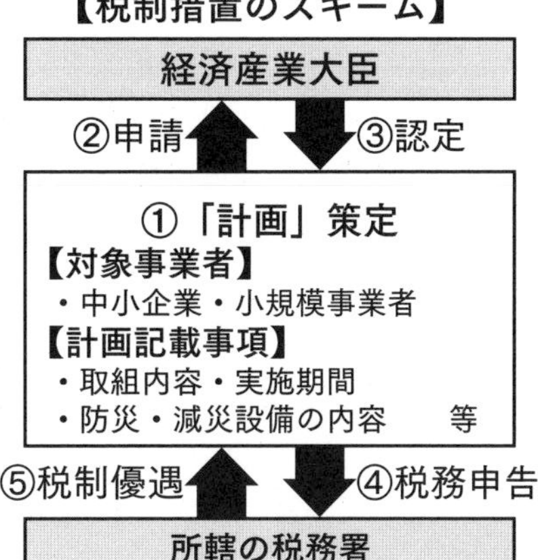

（出典：中小企業庁「中小企業防災・減災投資促進税制のポイント」）

⑶　中小企業防災・減災投資促進税制の措置の内容

①　適用要件

中小企業防災・減災投資促進税制による優遇措置の適用を受けるためには、具体的には次の要件を満たすことが必要となる。

（ア）対象事業者

中小企業防災・減災投資促進税制の対象となる者は、青色申告書を提出する中小企業者又は個人（以下「中小企業者等」という。）（※1）であって、中小企業等経営強化法（以下「経営強化法」という。）における中小企業者（※2）である。

（※1）次のいずれかに該当する事業者である。

- ◦資本金（又は出資金）が1億円以下の法人（ただし、下記を除く）
  - ・同一の大規模法人から2分の1以上の出資を受けている法人
  - ・複数の大規模法人から3分の2以上の出資を受けている法人
  - ・前3事業年度の平均所得額が15億円超の法人（平成31年4月1日以後に開始する事業年度より）
- ◦資本（又は出資）を有しない法人で、常時使用する従業員が1,000人以下の法人
- ◦事業協同組合、協同組合連合会、水産加工業協同組合、水産加工業協同組合連合会、商店街振興組合
- ◦常時使用する従業員数が1,000人以下の個人事業主

（※2）次の規模に該当する事業者である。

業種（注）	下記のいずれかに該当	
	資本金（又は出資金）の額	常時使用する従業員数
製造業その他	3億円以下	300人以下
卸売業	1億円以下	100人以下
小売業	5,000万円以下	50人以下
サービス業	5,000万円以下	100人以下
ゴム製品製造業	3億円以下	900人以下
ソフトウェア業又は情報サービス処理業	3億円以下	300人以下
旅館業	5,000万円以下	200人以下

（注）中小企業防災・減災投資促進税制においては、中小企業経営強化税制と異なり、特に業種の限定はない。

（イ）計画の認定

中小企業強靭化法に基づく「事業継続力強化計画」又は「連携事業継続力強化計画」（※3）を経済産業局に提出（申請）し、経済産業大臣の認定を受ける必要がある。

（※3）事業継続力強化計画の申請は、単独の企業で作成する「事業継続力強化計画」及び、複数の企業が連携して作成・申請する「連携事業継続力強化計画」がある。

②　対象設備

中小企業防災・減災投資促進税制の対象となる設備（特定事業継続力強化設備等）は、次の表における対象設備の種類等に該当するもののうち、経済産業大臣の認定を受けた事業継続力強化計画（及び、連携事業継続力強化計画）に記載された事業継続力強化設備等をいう。

■対象設備の種類等

対象設備の種類等は、自然災害の発生が事業活動に与える影響の軽減に資する機能を有する減価償却資産のうち、次に掲げるものである。（措令28の5②、中小企業等経営強化法施行規則23）

減価償却資産の種類	単価	対象となるものの用途又は細目
機械及び装置	100万円以上	自家発電設備、排水ポンプ、制震・免震装置、浄水装置、揚水ポンプ （これらと同等に、自然災害の発生が事業活動に与える影響の軽減に資する機能を有するものを含む。）
器具及び備品	30万円以上	全ての設備
建物附属設備	60万円以上	自家発電設備、キュービクル式高圧受電設備、変圧器、配電設備、電力供給自動制御システム、照明設備、貯水タンク、浄水装置、排水ポンプ、揚水ポンプ、火災報知器、スプリンクラー、消火設備、排煙設備、格納式避難設備、止水板、制震・免震装置、防水シャッター、防火シャッター （これらと同等に、自然災害の発生が事業活動に与える影響の軽減に資する機能を有するものを含む。）

（注）
・上記の要件を満たす設備であっても、以下の①又は②に該当する設備は対象外となる。
　①　消防法及び建築基準法に基づき設置が義務づけられている設備
　②　中古品、所有権移転外リースによる貸付資産
・国又は地方公共団体の補助金等の交付を受けて取得等をした設備等に対しても本税制を適用することが可能である。ただし、法人税法上の「圧縮記帳」の適用を受けた場合は、圧縮記帳後の金額が税務上の取得価額となる。
・上記の金額要件について、消費税の額を含めるかどうかは事業者の経理方式による。

③　適用対象期間及び適用手続の手順

（ア）適用対象期間

中小企業防災・減災投資促進税制の対象となる期間は、中小企業の

事業活動の継続に資するための中小企業等経営強化法等の一部を改正する法律（令和元年法律第21号）の施行の日（令和元年7月16日）から令和3年3月31日までであり、当該期間内に、認定事業継続力強化計画等に記載された対象設備等を新たに取得等して事業の用に供することが必要である。

(イ) 適用手続の手順

■適用手続の手順

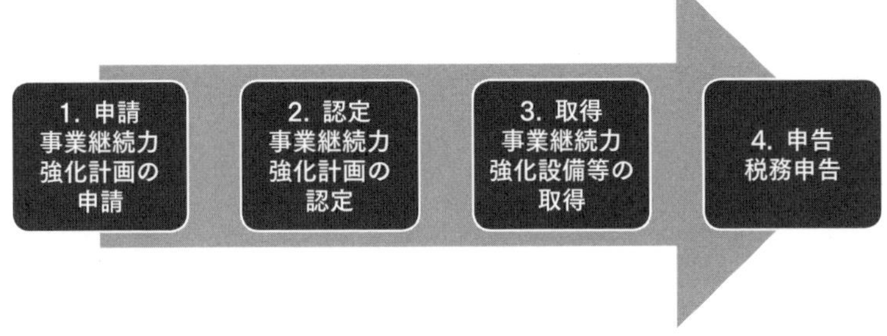

1. 申請

2. 認定

　事業継続力強化計画又は連携事業継続力強化計画を作成し、事業継続力強化計画を作成した中小企業者又は連携事業継続力強化計画の代表者の主たる事業所の所在地を管轄する経済産業局に認定を申請する。

(注) 計画の申請から認定までの標準処理期間は45日である。

3. 設備の取得

経済産業大臣の認定を受けた後、事業継続力強化計画又は連携事業継続力強化計画に記載された設備を取得する。

（注）計画認定自体には特に期限はないが、設備を取得する計画の場合必ず設備の取得前に計画の認定を受けることが必要である。

↓

4. 税務申告

設備を取得した後、税務申告を行う。

（注）税務申告の際は、「特定事業継続力強化設備等の特別償却の償却限度額の計算に関する付表（特別償却の付表⒂）」の添付が必要となる。

④　税制措置の内容

対象設備を事業供用した事業年度において、20％の特別償却を適用できる。

特別償却限度額＝特定事業継続力強化設備等の取得価額×20％

（注）中小企業防災・減災投資促進税制においては、中小企業経営強化税制と異なり、税額控除の適用はない。

⑤　設備の追加取得

設備の追加取得を行う場合は、認定を受けた事業継続力強化計画又は連携事業継続力強化計画の変更に該当する。

中小企業者は、当該認定に係る事業継続力強化計画を変更しようとするとき（設備の追加取得や連携対象企業の追加等）は、経済産業政省令で定めるところにより、経済産業大臣の認定を改めて受けなければならない。

3　損害（火災）保険の補償範囲と加入保険のチェックポイント

昨今の火災保険（共済含む以下同様）では、自然災害はもとより広範囲で補償できる内容となっている。本項では各種保険の補償内容を整理した上で、加入している保険のチェックポイントを述べる。なお、地震保険の補償内容については第4章4(2)で後述する。

防災・減災の観点からは、「自助」、「共助」、「公助」のうちの「自助」として保険・共済が位置付けられている。しかしながら、内閣府の推計によると火災保険に加入している持家世帯は約82％であり、約18％が未加入となっている。また、水災補償のある火災保険契約への加入割合は約66％であり、約34％については水災については補償されない状況にある。なお、地震保険についても約半数が未加入となっているが、大規模震災の発生が契機となって加入率が上昇傾向にある。

■保険・共済の加入状況
持家世帯※1の保険の加入件数・割合（建物のみ）（内閣府試算）

	火災補償あり	水災補償あり※5	地震補償あり※5
保険	2,123万件※2 （61%）	1,475万件※2 （42%）	1,209万件※3 （35%）
共済	1,168万件※4 （33%）	1,161万件※4 （33%）	770万件※4 （22%）
保険＋共済 （単純合計）	3,291万件 （94%）	2,636万件 （75%）	1,979万件 （57%）
保険＋共済 （重複を考慮※6）	2,880万件 （82%） ※保険・共済契約なし18%	2,307万件 （66%）	1,732万件 （49%）

※1　持家世帯は、総務省「2015年度住民基本台帳に基づく人口、人口動態及び世帯数調査」の総世帯数（5,695万世帯）に、総務省「平成25年住宅・土地統計調査」の持家世帯割合（61.5%）を乗じ、3,502万世帯と推計。

※2　損害保険料率算出機構資料による。（2015年度末における建物（住宅）を対象とした火災保険保有契約を集計（特約火災を含み、団地保険を除く。）「建物を保険の対象に含む契約」は保険の対象が「建物」又は「建物＋家財」である契約を指し、保険の対象が不明である契約を含まない。）

※3　2015（平成27）年度損害保険料率算出機構統計集による。（2015年度時点の建物（イ構造、ロ構造）を対象とした証券保有件数を集計。）

※4　日本共済協会資料による。（2015年度末におけるJA共済連、JF共水連、全労済、全国生協連の建物（住宅）を対象とした共済保有契約を集計。）

※5　全壊等の場合であっても支払われる額が少額なもの、見舞金のようなものは除く。

※6　平成22～26年度に発生した自然災害により被災し、被災者生活再建支援金の支給を受けた世帯に対するアンケート調査によると、複数の保険・共済へ加入している人がいるため、契約者数は契約件数合計の87.5%。（N＝5,752人）

（出典：内閣府「保険・共済による災害への備えの促進に関する検討会」報告 参考資料）

日本の年平均気温は上がり続けており、また、非常に激しい雨[27]の年間発生回数が増加する傾向にある中で、加入している火災保険の補

27　1時間における降水量50mm 以上

償内容について、保険加入者自身が把握、検討する必要がある。また、近年は、平成30年に発生した台風第21号や第24号などによる近畿・四国における多数の被害、令和元年に発生した台風第15号や第19号などによる大雨による河川の氾濫だけでなく、暴風によっても多くの建物に被害がでており、火災保険の補償内容の重要性が再認識される契機となった。

■日本の年平均気温

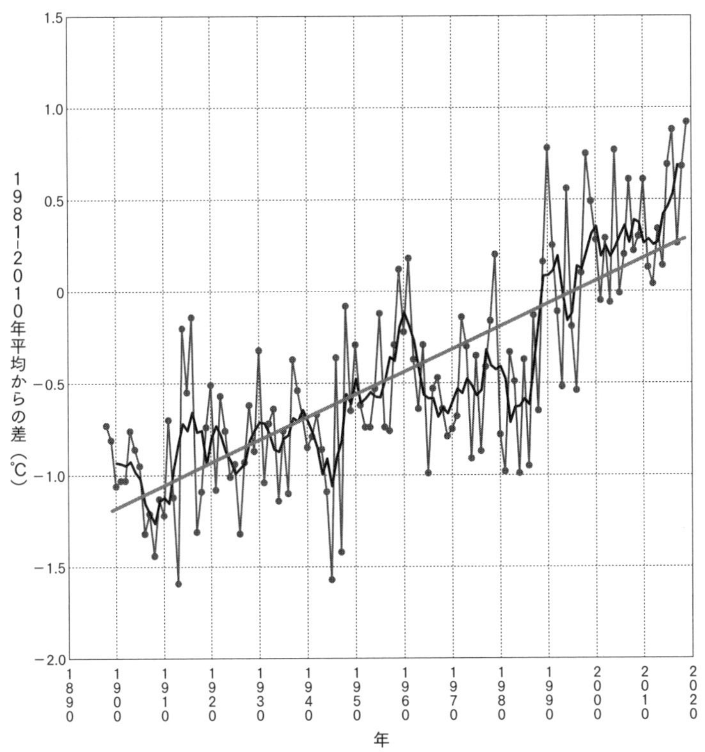

（出典：気象庁ホームページ）

■1時間降水量50mm以上の年間発生回数

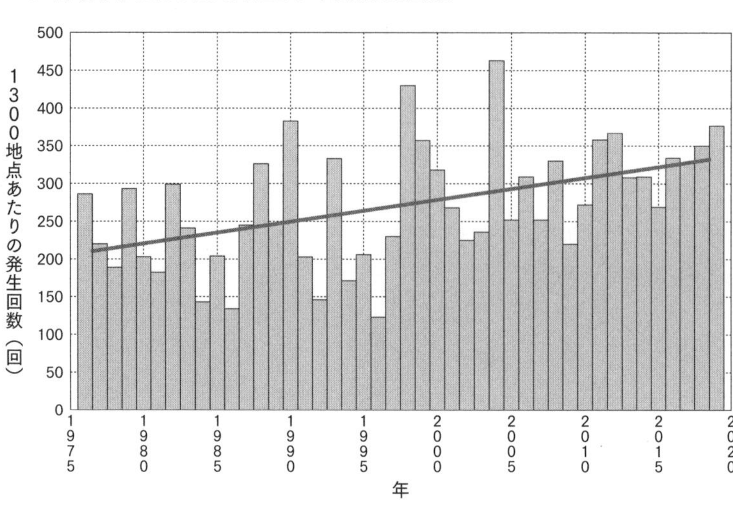

（出典：気象庁ホームページ）

(1) 住宅用火災保険の概要

① 基本の補償

住宅用[28]の火災保険は、火災や落雷、破裂・爆発、台風などによる風災、豪雨による水災など幅広く補償することができるようになっている。また、補償内容を選択することで補償内容を狭めることも可能となっている。補償できる範囲としては、住宅（建物）だけではなく、収容されている家財も補償の対象とすることができる。

過去において、全ての損害保険会社で販売されていた「住宅火災保

28　住宅とは、個人が所有する住宅だけではなく、企業が所有する社宅、投資用マンションなど居住に供する建物も含む。

険」、「住宅総合保険」、「団体保険」の補償内容は以下のとおりである。なお、保険期間が35年など長期で契約に加入している場合もあり、住宅ローンと同時に火災保険に加入した場合などにおける補償内容は基本補償となっている。

■住宅火災保険、住宅総合保険、団地保険の基本補償の概要

保険種類	火災、落雷、破裂・爆発	風災、雹災、雪災	盗難	水災
住宅火災保険	○	△ （損害額が20万円以上の場合）	×	×
住宅総合保険	○	△ （損害額が20万円以上の場合）	○	△ （縮小補償最大70%）
団地保険	○	○ （免責3,000円）	○	×

風災等の補償内容が損害額20万円以上の場合に補償される内容や、水災が補償の対象外となっているなど、集中豪雨や大型台風が増加している現在では対応しきれていないこともあり、各損害保険会社では、補償内容を拡充した火災保険を販売している。そのため、風災等の支払を実際の損害額で補償できる内容となり、20万円未満の損害であっても保険の請求が可能である。水災の補償が縮小支払ではなく、床上浸水や地盤面から45cm以上など一定の要件はあるものの実損での支払が可能となっている。これに合わせて、火災保険では自然災害だけでなく、突発的な破損等にも対応できるよう変遷されている。

なお、損害保険会社ごとで、補償内容、補償内容を選択できる範囲、名称が異なるので、注意が必要である。

■補償内容の拡充により補償の対象となる範囲

火災、落雷、破裂・爆発	風災、雹災、雪災	盗難	水災	破損・汚損
○	○	○	○	○

②　災害時の諸費用

火災保険では上記の基本補償だけでなく、基本補償で支払われた場合に上乗せして払う費用、被害にあった際の仮修理や仮住まいに係る費用、第4章4（2）で述べる地震火災保険の費用、残存物を取り片づける費用などもあり、基本補償ではまかないきれない臨時に発生する出費についても補償と対象とすることができる。

③　特　約

火災保険の特約として、類焼時の隣家など補償する特約、家族が自転車で他人を負傷させた場合の法律上の賠償責任を補償する特約など、様々な特約が用意されているが、その中における類焼の考え方について整理する。

我が国は木造家屋が多く、狭い国土の中で密集して建築されているため、火災が発生すると燃え広がり、被害が非常に大きくなることも多い。そこで、明治32年に「失火に責任に関する法律（失火責任法)」が制定されており、これにより、失火者に重大な過失がない限り、法律上の賠償責任（民法709条（不法行為による損害賠償））は負わないとしている。

なお、過去において失火者に重大な過失があると認定されたケースは下記のとおりである。

■失火者の重大な過失として認定されたケース

a）天ぷら油の入った鍋に火をかけて、その場を離れている間に出火した。

b）寝タバコが原因となり出火した。

失火責任法における規定から、失火の相手からは賠償を受けられないケースが大半であるため、火災による損害を最小限に抑えるためにも、火災保険などで適切な補償を受けられるように準備が必要となる。また、隣家への補償のため、類焼損害を補償する特約についても検討が必要である。

なお、各保険会社が保険加入者に対するサービスとして、水回りの簡単な修理などを提供しているケースもある。

⑵　企業向（事業用）火災保険の概要

企業向（事業用）の火災保険では住宅向け火災保険と同様に火災、落雷、風災、水災等における損害が補償され、事務所・店舗・工場などの建物とそれらに収容されている機械、設備・什器、商品等が対象となる。

企業用火災保険の種類は、「普通火災保険」、「店舗総合保険」、「事業活動総合保険、企業総合保険」といわれる最近の損害保険各社が販売している保険商品があり、補償の概要は以下のとおりである。リスク実態に基づき現在各社で販売している保険においても、水災を対象外とするなど、補償する範囲を選択（限定）することも可能な場合もある。

■企業向（事業用）火災保険の種類

保険種類	火災、落雷、破裂・爆発	風災、雹災、雪災	水災	破損・汚損
普通火災保険	○	△ （損害額が20万円以上の場合）	×	×
店舗総合保険	○	△ （損害額が20万円以上の場合）	△ （縮小補償最大70%）	×
現在の企業向け火災保険	○	○	○	○

企業の場合、複数の事務所や工場を所有しているケースもある中で、1つの物件ずつ火災保険に加入するのではなく、企業が所有する全ての物件を取りまとめて火災保険に加入する合理的な方法もある。現在では、多くの企業が後者の方法をとっていると思料されるが、注意喚起の意味も含めて本稿において記載する。後者の方法は、いわゆる特殊包括保険などと呼ばれる保険で、全ての建物や機械、設備などを1つの保険にまとめる契約である。

特殊包括保険を契約するメリットは、下記のとおりである。

■包括契約をするメリット

a）包括契約することで保険料が割引となる

b）1つの契約となることから事務手続が簡素化される

c）補償内容が統一される

d）一定の条件の下、新たに取得した建物を自動で補償できる

e）支払限度額を設定することで合理的な保険設計ができ、保険料削

減につながる

f) 免責金額を設定し、一定の金額までは自社で対応することで保険料が削減される

なお、包括契約を行うには一定の規模が必要となるケースがあるため、全ての企業が対象とはならない点には注意が必要である。

企業向火災保険については、住宅用火災保険とは異なり、財物（建物や機械など）が補償されるだけでなく、企業が被災した場合の喪失利益や休業時の損害、休業せず営業を継続した場合などに、特別に必要となる費用（仮店舗や外部委託する費用など）を補償する保険がある。当該保険によれば、休業していなければ得られたであろう利益や休業中でも発生する人件費などの経常費を補償することが可能である。

利益や休業損害を補償する保険では、自社が所有している物件が被災した場合だけでなく、敷地外ユーティリティー設備[29]が台風等で損傷し、自社の営業ができなくなった場合や、隣接している物件から火災が発生し休業せざるを得なくなった場合も補償できる内容となっている。

令和元年の台風第15号では、千葉県を中心に広範囲で停電が発生し、多くの企業が営業できない状況が継続したこともあり、休業を補償する保険の必要性が改めて認識された。

休業を補償する保険の種類は、「利益保険」、「企業費用利益保険」、「店舗休業保険」などがあり、企業向火災保険に「休業補償」や「利益条項」などの特約での加入を行うことも可能であるし、又は単独での加入することも可能である。

なお、被災した際に早期に復旧できるサービスが付帯されている火

29　保険の対象である自社の建物と配管や配線により接続している事業者が所有又は占有している電気、ガス、水道などをいう。

災保険も増えてきている。また、事業用の火災保険では、防災対策を実施していることで割引を適用できるケースがある。

⑶　火災保険のチェックポイント

前述のとおり、現在の火災保険では自然災害等を広範囲に補償できる内容であるため、現在の加入している火災保険の補償内容について保険証券・見積書等で把握するためのチェックポイントを自然災害に係る補償を中心に記載する。

なお、損害保険では1年契約の保険も多く、補償内容については継続の手続の際にも確認が可能である。

①　住宅用火災保険

a）保険の対象

（ア）保険の対象が「建物」と「家財」[30]になっているか。
（イ）保険の対象に「車庫」、「物置」などが含まれているか。

ⅰ　持ち家の場合

持ち家の場合は、通常「建物」が保険の対象となっている。

「家財」まで補償されていないケースが一定数あり、家具、家電製品、カバンなど重要なものが保険で補償されていない場合もあるの

30　家財を保険の対象としている場合は、事前に申告が必要な明記物件と呼ばれるものがある。1個又は1組が30万円以上の貴金属や美術品・骨とう品などは、必ず事前申告が必要となる。

で注意が必要である。

ⅱ　賃貸住宅の場合

賃貸住宅の場合は、「家財」のみが保険の対象となる。

合わせて、大家への賠償（借家人賠償）や水漏れ等で階下の方への賠償（個人賠償等）が特約として付帯されているかについても、確認が必要である。

ⅲ　車庫や物置

一般的な住宅用の火災保険では、建物を対象としている場合、「車庫」や「物置」等も保険の対象に含まれているが、誤って契約時に除外した等の不備についても確認しておく必要がある。

b）保険金額の設定方法

（ア）「時価」又は「再調達価額（新価）」のどちらで加入しているか。

火災保険の保険金額の設定は、購入時から減価償却された「時価」ベースと損害が発生した時点で保険の対象と同等のモノを再取得できる「再調達価額（新価）」ベースの2種類があり、最近の保険では「再調達価額（新価）」をベースとする保険が主流である。

なお、時価額については比例払いとなり、損害額どおりに支払われないケースがあるので注意が必要となる。

1,500万円で購入した家屋の場合の保険金額のケースを記載する。

■1,500万円で購入した家屋の場合

再調達価額：2,000万円（物価の変動により価額が上下する）、

時　価　額：1,200万円（2,000万円（再調達価額）－800万円）

［再調達価額と時価で契約した場合のそれぞれで支払われる保険金額の差］

	再調達原価で契約した場合	時価で契約した場合		
保険金額（契約金額）	2,500万円	1,500万円	1,200万円	800万円
支払われる額	損害額の全額	保険金額が限度となり、超過した部分は無駄な保険料が発生する。	損害額の全額（保険金額が上限）	一部保険となり、損害額どおりには支払われず削減される場合がある。

※半焼やボヤ等、800万円に満たない損害額の場合

c）地震保険

（ア）地震保険に加入しているか。
（イ）割引が適用されているか。

（ア）地震保険に加入しているか。

住宅用の火災保険では、地震保険単独では加入できないため、地震保険に加入する際には、地震保険を火災保険と同時に加入するのが前提となっている。

保険各社の火災保険申込書では、「地震保険に加入しない」ことを確認するための署名や捺印を取り付けている。

そのため、地震保険に加入しているかについては、契約時に確認して記憶している火災保険加入者も多いであろうが、大規模な地震の発生が予測される中、地震保険に未加入の火災保険加入者は、契約内容について再度検討することが望ましい。

また、個人での地震保険加入者は、地震保険で支払った保険料は保険料控除の対象となることから、長期契約の場合でも損害保険会社から保険料控除証明書が送付されるため、その際にも加入の有無を確認することが可能である。

（イ）割引が適用されているか。

前述したが、地震保険は免震・耐震されている建物であれば、最大で50％の割引が適用できる。建築基準法が改正された昭和56年6月1日以降に新築された建物は、「建築年割引」の対象となるため、多くの地震保険加入者が割引の対象となる。ただし、割引の適用については、割引適用条件を満たす確認資料の提出が必須となる。

d）風災・雹災・雪災の補償

（ア）20万円以上の損害の場合のみ補償となっていないか。
（イ）免責金額（自己負担額）が設定されているか。

（ア）20万円以上の損害の場合のみ補償となっていないか。

過去からある「住宅火災保険」などでは、風災・雹災・雪災の補償は、損害額が20万円以上になった場合に保険料が支払われる内容となっている。この内容で契約している場合、例えば台風による暴風でカーポートが破損し、損害額が19万円であった場合は保険では補償されないが、損害額が25万円であれば補償されることになる。そのため、台風における被害が発生した場合についても補償の対象となると想定していたが、上記の場合、損害額が20万円未満であったために突発的に19万円の出費が発生することになる。

現在でも、損害額が20万円以上の場合にのみ補償する契約もあるので、注意が必要である。

（イ）免責金額（自己負担額）が設定されているか。

現在の保険では免責金額（自己負担額）が設定されているケースが増えてきており、1万円、5万円等の少額な損害については、保険が使えず自己負担となる。また、大きな損害が発生した場合であっても、契約時に定めた内容により自己負担が発生する。

契約内容によっては、自己の物件については、「瓦もなく鉄筋コンクリート造できているから台風が来ても問題はない」と想定していても、台風で隣家から瓦が飛んできて自己の物件が破損した場合については、自然災害を原因とする被害の場合、法律上の賠償責任が発生しない。原則ではあるが隣家から賠償を得ることはできないため、自己負担が発生するケースが存在する。

e）水災補償

（ア）補償の対象となっているか。
（イ）縮小支払となっていないか。

現在販売されているオールリスクと呼ばれる保険の多くは、床上浸水や地盤面から45cm以上の浸水があれば、免責金額（自己負担額）を除いた損害額が支払われる内容となっている。水災補償については、契約当初から対象外となっていないことや保険料が全額支払われる内容となっているかがポイントとなる。

（ア）補償の対象となっているか。

前述したが「水災」の補償を対象としていない保険も多く存在するため、過去から同様の補償内容で継続している場合は対象外となっているケースもあり得る。ハザードマップで浸水、土砂崩れのリスクが低い場合や、マンションの高層階に住居がある場合など、水災リスクが低い場合は水災補償を外すことも保険料面では有効ではあるが、昨今の集中豪雨等で都市部でも水災被害が発生していることからも水災補償の確認が必要である。

水災では洪水、土砂崩れ、高潮などにより損害が発生した際に保険金による補償が発生する。水災補償では、地震を除く自然災害による水災が対象となり、給排水設備の破損による水濡れやマンション等の共同住宅における上の階からの漏水については水災の対象とはならず、「水濡れ」での補償となる。

（イ）縮小支払となっていないか。

「火災保険に加入し、水災も補償され安心」と考えている保険加入者も多いが、契約内容が縮小支払となっている契約もある。例えば、住宅総合保険の水災の支払内容は最大で70％の縮小支払となっており、1,000万円の自宅の修理代がかかったとしても最大で700万円までの補償となる。

■住宅総合保険における水災の補償概要

損害の額	保険価額の30%以上	保険価額の15%以上30%未満	保険価額の15%未満
支払われる額	損害額に70%を乗じた額	200万円又は保険価額に10%を乗じた額のいずれか低い額	100万円又は保険価額に5%を乗じた額のいずれか低い額

②　企業向け（事業用）の火災保険

住宅用の火災保険と補償に対する考え方など重複する部分が多いため、重複部分については省略するが、企業向（事業用）火災保険におけるチェックポイントについても記載する。企業向（事業用）事業用の火災保険では、保険証券自体だけでなく証券に同封されている明細書、パンフレットなど含めて確認が必要となる。

a）保険の対象について

（ア）門、塀、垣、車庫などが補償の対象となっているか。

チェックするポイントとしては、住宅用と同様であるが、企業向（事業用）の火災保険では、通常「門、塀、垣、車庫など」は補償の対象外となっている。そのため、自社ビルの周りにあるブロック塀等が対象外となっているケースもあることから、保険の対象について確認する必要がある。

b）加入方法について

（ア）物件ごとに保険を付保していないか。

前述したとおり物件ごとに保険をかけるのではなく、包括的に付保することで保険料が割引となる、事務手続が簡素化されるといったメリットを享受できる。包括契約においては、グループ会社を対象とするも可能であるため、グループで統一された補償の検討が必要である。

c）休業に係るリスク

（ア）休業補償した際の保険の有無

建物や設備については、保険を付保しているが休業に係るリスクについては補償されていない場合もあるので、休業に係るリスクの内容の確認が必要である。

⑷　火災保険以外の損害保険

火災保険以外の自然災害から、自己の財産を守ることが可能な主な保険は、下記のとおりである。

①　自動車保険・車両保険

自動車保険は、対人・対物など第三者への賠償を補償するものであり、洪水により浸水して車が壊れた場合や暴風で飛ばされた瓦や看板等により車が破損した場合などについては、「車両保険」の補償対象となる。なお、地震や噴火又はこれらによる津波による損傷は原則対象外となる。

車両保険の加入率（共済除く）は全国で約44％[31]となっており、「常に安全運転をしているので事故など起こさない。だから、車両保険は不要。」と考えるドライバーも多いと思料されるが、自然災害時の自動車の補償についても、車両保険に加入するか否かの検討材料の1つすることが望ましい。

②　傷害保険

台風時に外出せざるを得ない用事があり、歩いている際に強風で倒れて骨折してしまった等の場合は、傷害保険の補償の対象となる。ただし、地震が原因となる負傷は一般的な傷害保険では補償の対象とならず、別途特約を付帯することで補償の対象となるが、保険会社によっては、加入条件が定められていることもある。

なお、政府が行っている保険では、地震や津波に遭遇して負傷した場合は、通常、業務災害として認定され、保険金の給付の対象となる[32]。

31　損害保険料率算出機構「2018年度自動車保険の概況」

32　厚生労働省ホームページより

4　災害対策に関する補助金、助成金

首都直下地震、年々増加する集中豪雨に伴う大規模洪水、毒性が強い新型ウィルスの発生等の不測の事態が、将来の日本経済に大きな影響を及ぼすことを防ぐため、各企業が事業継続力を備えることが急務となっている。

国が行う補助金、助成金の制度はまだないが、事業継続のための危機管理対策を講じることが重要であることを考慮し、東京都を中心に、適用範囲が限定された制度が徐々に創設されつつある。

(1)　BCP実践促進助成金（東京都）[33]

この助成金は、中小企業者等が、自然災害等の不測の事態が生じた場合に備えBCPを策定した場合に、BCPの実践に必要な物品や設備の導入を支援する。

①　助成対象事業者

以下の要件を全て満たす者。

a）中小企業者又は中小企業団体のうち[34]、法人にあっては東京都内に登記簿上の本店又は支店を有する法人、個人にあっては東京都内で開業又は青色申告をしている者
b）東京都内で申請時までに1年以上事業を継続している者
c）過去にこの助成金の交付を受けていない者
d）公益財団法人東京都中小企業振興公社（以下「公社」という。）

33　東京都中小企業振興公社ホームページより
34　中小企業者及び中小企業団体の定義は、募集要項参照

の指定するBCPでを作成し実践する者

助成対象事業の前提となるBCPは、以下のいずれかの要件を満たすBCPである。

・平成28年度以前の東京都又は公社が実施するBCP策定支援事業等の活用により策定したBCP

・平成29年度以降の公社が実施するBCP策定支援事業のうち、「BCP策定講座」（通称：ステージ1 無料）を受講し、その受講内容を踏まえたBCP※

※「その受講内容を踏まえたBCP」とは

①　経営者が自ら参画して策定したBCPであること

②　以下の項目がBCPに記載されていること

・基本方針：想定されるリスク

・緊急時の対応：安否確認、避難場所、取引先等の連絡

・役割分担：対策本部設置と役割、設置の基準、地域との連携

・事業継続計画：事業のリスク分析、復旧計画

・BCP発動等の条件：発動、解除

・訓練

・BCPの実践に必要な物資：必要な物資に関しては、個数、必要理由の記載必須

・緊急対応のフローチャート

③　必要書類の「受講報告書」を提出できること

②　助成対象事業

助成金の交付の対象となる事業は、助成対象事業者が、策定したBCPを実践するために必要となる次に例示する事業。ただし、通常の業務でも使用できる設備等の購入は対象外となる。

- 自家発電装置、蓄電池等の設置（畜電池に関しては5年程度の保証期間があるもの）
- 災害発生時に従業員等の安否確認を行うためのシステムの導入
- データ管理用サーバー、データバックアップシステムの導入：現在使用しているシステムの移転費用や通常業務で使用すると判断される業務システム部分は対象外。設置場所はデータセンター等、十分に安全性が確保されていることが要件となる。
- 飛散防止フィルム、転倒防止装置等の設置
- 従業員用の備蓄品（水・食料等で、5年程度の賞味期限のあるもの）、簡易トイレ、毛布、浄水器等の購入
- 水害対策用物品設備（土嚢、止水板等）の購入、設置
- 耐震診断：自社所有の建物耐震診断に係る直接の費用のみが対象。補強設計、改修の費用は対象外。東京都内に本店を有する場合は、都外事業所の機器設置も可能（一定の条件有）

③　助成金の額

助成金は、次に掲げる額を、予算の範囲内で交付する。

- 助成率：助成対象経費の2分の1（小規模企業者は3分の2）以内
- 助成限度額：1,500万円（10万円を下限）

④　助成対象経費

- 設備等の購入及び設置工事等の費用
- 材料費、消耗品、雑費、直接仮設費、労務費、総合試験調整費、立会検査費、設備搬入費等。
- 建物の耐震診断に要する費用：耐震診断に係る直接の経費、専門機関が行う技術評定に係る経費等。

⑵　地域防災組織に対する補助等支援（千代田区）

千代田区では地域防災組織（町会の中に結成された防災部などの自主防災組織）の防災行動力の向上のため、組織で防災用品を購入した場合、必要経費の4分の3（10万円を限度）を補助金として毎年支給している。

対象となる防災用品：非常用食料・飲料水等（長期保存（数年以上）が可能なもの）、災害対応用資器（機）材等（医薬品、携帯トイレ、ヘルメット、手袋、懐中電灯、携帯ラジオ、テント、階段避難器具等）

⑶ 二酸化炭素排出抑制対策事業費等補助金（再生可能エネルギー[35]電気・熱自立的普及促進事業／環境省）[36]

地球温暖化、化石燃料の枯渇、近年の地球規模での異常気象、エネルギーコストの高騰など、多くのエネルギーに関する社会問題は、日本はもとより世界各国の企業が真剣に取り組まなくてはならない喫緊の課題であるが、再生可能エネルギーの有効活用、省エネルギー[37]対策や災害に強い事業所づくり、地域防災拠点づくりを推し進めることは、企業の価値を高め、BCP（事業継続計画）・CSR（企業の社会的責任）対策の一助となる。

この補助金は、環境省から二酸化炭素排出抑制対策事業費等補助金（再生可能エネルギー電気・熱自立的普及促進事業）の交付決定を受け、公益財団法人日本環境協会が、再生可能エネルギー設備等の導入事業及び事業化計画策定・調査事業に要する経費に対して補助金を交付するものである。

35　「再生可能エネルギー」とは、太陽光、風力、水力、地熱、太陽熱、バイオマス（動植物に由来する有機物であってエネルギー源として利用することができるもの（原油、石油ガス、可燃性天然ガス及び石炭並びにこれらから製造される製品を除く。）をいう。）その他化石燃料以外のエネルギー源のうち、永続的に利用することができると認められるものをいう。

36　公益財団法人日本環境協会ホームページより

37　「省エネルギー」とは、エネルギー起源二酸化炭素の排出を抑制するエネルギー使用の合理化をいう。

■ 交付対象事業

事業の区分（対象事業）	補助対象者	事業概要	対象経費に対する補助率、上限
第1号事業 再生可能エネルギー発電・熱利用設備導入促進事業	地方公共団体、非営利法人等	• 以下の再生可能エネルギー設備の導入を行う事業。 ①　発電設備 ②　熱利用設備 ③　発電・熱利用設備 • 地域における再生可能エネルギー普及・拡大の妨げとなっている課題への対応の仕組みを備え、かつCO_2排出削減に係る費用対効果の高い取組に対し、再生可能エネルギー設備を導入する。	1申請あたりの補助金上限額は、原則、3億円
第2号事業 事業化計画策定事業	地方公共団体、非営利法人等	• 補助対象設備等の導入に係る事業化計画策定事業 • 再生可能エネルギーを利用し、環境に配慮しつつ低炭素社会の構築に資する事業の基本計画調査、発電電力量算定、熱需要調査、事業性・資金調達の検討等を通じた具体的な事業化計画の策定を行う。	1/1（上限額1,000万円）

第3号事業 温泉熱多段階利用推進調査事業	地方公共団体、非営利法人等	• 自動観測装置等の設置による温泉熱多段階利用推進に係るモニタリング調査事業 • 既存温泉の湧出状況、熱量、成分等を継続的にモニタリング調査するための設備を整備し、既存の温泉熱を利用した多段階利用の可能性を調査する。	1/1（上限額2,000万円）
第4号事業 離島の再生可能エネルギー・蓄エネルギー設備導入促進事業	地方公共団体、非営利法人等、営利法人	• 本土と送電線で系統連系されていないオフグリッド型の離島において、以下の再生可能エネルギー・蓄エネルギー設備の導入を行う事業 ①　発電設備 ②　熱利用設備 ③　発電・熱利用設備 ④　蓄電・蓄熱設備等	1申請あたりの補助金上限額は、原則、3億円
第5号事業 熱利用設備を活用した余熱有効利用化事業	地方公共団体、非営利法人等	• バイオマス等の既存再生可能エネルギー熱利用設備等の余剰熱を有効利用し、地域への面的な熱供給を行う場合において、熱供給範囲の拡大に必要な導管等の設備の導入を行う事業	1申請あたりの補助金上限額は、原則、3億円

第6号事業 再生可能エネルギー事業者支援事業費	営利法人及び青色申告を行っている個人事業主	• 地域における再生可能エネルギー設備導入の妨げとなっている課題への対応の仕組みを備え、かつ CO_2 排出削減に係る費用対効果の高い取組に対し、以下の再生可能エネルギー設備の導入を支援する事業 ① 発電設備 ② 熱利用設備 ③ 発電・熱利用設備	1申請あたりの補助金上限額は、原則、3億円
第7号事業 再生可能エネルギーシェアリングモデルシステム構築事業	農業者、農業者の組織する団体、営利法人、地方公共団体、非営利法人等	農地等において、営農の適切な継続が確保された再生可能エネルギー発電設備等の導入を行う事業	1申請あたりの補助金上限額は、原則、3億円
第8号事業 蓄電・蓄熱等の活用による再生可能エネルギー自家消費推進事業	地方公共団体、非営利法人等、営利法人	オフグリッド型の離島以外の地域において、既存建築物（改修時も含む）に設置する業務用の蓄エネルギー（蓄電・蓄熱）設備の導入を行う事業。	1申請あたりの補助金上限額は、原則、3億円

⑷ 災害時に活用可能な家庭用蓄電システム導入促進事業費補助金[38]（一般社団法人環境共創イニシアチブ）

この補助金は、太陽光発電（10kW 未満）を所持している需要家に対し、家庭用蓄電システムの導入事業に要する経費の一部を補助することにより、国民の生活維持に欠かせない情報通信網、電灯、冷暖房等において最低限の電力エネルギーを需要家側で確保し、エネルギー供給源を分散化することで、災害による大規模停電の被害・リスクを最小化し、電力レジリエンスを向上させることを目的としている。

① 補助対象事業

災害時等に国又は電力会社が供給力不足による節電を要請した場合、導入した家庭用蓄電システムについて、遠隔でグリーンモード[39]への切替えが可能かつ動作状況の確認ができること、又は、グリーンモード固定の運転ができることを要件とする。そのため、下記の要件を満たす事業が補助対象となる。

- 太陽光発電（10kW 未満）設備併用（既設・新設不問 太陽光発電設備は補助対象外）
- 節電要請窓口が提供するサービスへの加入・登録、又は節電要請時の対応への同意
- 災害時のグリーンモード運転
- 災害時の対応報告

38　一般社団法人環境共創イニシアティブホームページより

39　太陽光発電で作った電力の余剰分は蓄電システムに充電し、太陽光の出ていない夜間等に活用する、自家消費を優先したモード

なお、本事業においては、上記を満たす災害時等に活用可能な家庭用蓄電システムを「災害対応型」とし、追加的に、VPP実証事業に参加する蓄電システムを「ネットワーク型」と「周波数制御型」に分類する。

②　補助対象設備

(1)　家庭用蓄電システム

下記の要件を満たすこと。

a）補助対象の要件[40]を満たす家庭用蓄電システムであること。

b）災害発生時(停電時)に宅内給電へ切り替えることができ、また、災害復旧後には国又は電力会社が供給力不足による節電を要請した場合、グリーンモードへ切り替える機能、若しくはグリーンモード固定で運転する機能を具備すること。

c）災害発生時の宅内給電切り替えは自動及び不測の事態用として手動切り替えができること。

d）災害復旧後に、遠隔からの動作状態を監視できる機能を具備すること。

e）ネットワーク型は、VPP実証事業において、共通実証等に参加すること。(※1)

f）周波数制御型は、VPP実証事業において一次調整力相当又は二次調整力①相当の需給調整実証に参加すること。(※2)

※1. ネットワーク型とは、上記ａ）〜ｄ）の機能を有する蓄電池のうち、VPP実証事業において共通実証等に参加する蓄電システムのこと。

40　「災害時に活用可能な家庭用蓄電システム導入促進事業費補助金」公募要領参照。

ECHONET Lite及びAIF認証を必須としHEMS機器相当を経由し監視制御を行う。

※2. 周波数制御型とは、上記ａ）〜ｄ）の機能を有する蓄電池のうち、VPP実証事業において一次調整力相当又は二次調整力①相当の需給調整機能を実証する蓄電システムのことをいう。ECHONET Lite及びAIF認証は任意とする。

(2)　HEMS機器

民生用住宅等において蓄電システムの管理を行うために必要な本体機器、計測装置、制御装置、通信装置、ゲートウェイ、モニター装置等をいう。

③　補助金額及び補助上限額

補助金額及び補助上限額は下記のとおりとする。ただし、全体の上限を3分の1又は60万円のいずれか低い方とする。

<table>
<tr><th colspan="4">項目</th><th>災害
対応型</th><th>ネット
ワーク型</th><th>周波数
制御型</th></tr>
<tr><td colspan="4">VPPアグリとの契約</td><td>不要</td><td>必要</td><td>必要</td></tr>
<tr><td rowspan="4">設備費</td><td rowspan="3">家庭用
蓄電
システム</td><td>補助額
(/kWh)</td><td>2019年度
目標価格
以下</td><td>2万円</td><td>3万円</td><td>4万円</td></tr>
<tr><td rowspan="2">その他
措置</td><td>ハイ
ブリッド
PCS</td><td colspan="3">1.0万円/kW
補助対象経費額控除
（目標価格との比較において）</td></tr>
<tr><td>周波数
制御機能</td><td>–</td><td>–</td><td>10万円
補助対象経費控除</td></tr>
<tr><td colspan="3">HEMS</td><td colspan="3">1/2以内上限5万円</td></tr>
<tr><td colspan="4">工事費</td><td>1/2以内
上限
5万円</td><td>1/2以内
上限
7.5万円</td><td>1/2以内
上限
10万円</td></tr>
</table>

第4章

災害発生後に求められる対応とその支援（東日本大震災を踏まえて）

1 行政(震災支援機構など)による公的支援

平成23年の東日本大震災によって多数の被災者がその後の生活再建・事業再建に向けて多大な苦労を強いられ、10年近く経った現在でも完全な復興への兆しはまだ途半ばの感が拭えないのが実状である。

国では、被災者の生活・事業再建への取組を支援するため、各種の支援制度を用意している。災害時に被災者が各種の支援制度を最大限に活用しながら生活再建や地域の復興に向けて取り組むことができるよう、従来から、これらの支援制度をわかりやすくまとめたパンフレット等でその認知を拡げている。

被災から1日も早い復興を成し遂げるためには、まず被災者自らが生活再建への意欲を持ち、様々な人々との協働や支援制度の活用を図りながら、取り組んでいくことが重要である。

また、暮らしの場である地域の復興のためには、地域の住民同士が助け合い、取り組んでいくことも重要である。

国としても、1日も早く被災地が復興できるよう、国のとり得る政策手段を最大限に活用し、被災地の復旧・復興に全力を尽くすべく、生活再建の一助として、様々な支援制度を設けており、特に、中小企業の再建を支援するものとして中小企業基盤整備機構による小規模企業共済災害時貸付制度や都道府県、政府系金融機関他による特別相談窓口の開設等が従来から設けられている。

また、東日本大震災を踏まえて、特に同震災による被災者向けには、個人向けから企業向けまで、様々な支援制度がパンフレット等により広くアナウンスされている。

ここでは、中小企業に向けた支援制度に焦点を当てて紹介する。

(1) 緊急事態発生後の公的支援制度（発生後）

公的機関による支援制度は、平常時からのものもいくつか存在するが、とりわけ災害発生後のものについては、以下のようなものがある。

制度名	概要	実施者	受付窓口	前提条件
小規模企業共済災害時貸付	•小規模企業共済の加入事業者が災害により被害を受けた際に貸付 •積立金の範囲内で上限1,000万円 •即日融資 （午前中に申込めば、午後に貸し出し）	中小企業基盤整備機構	商工組合中央金庫各支店	小規模企業共済へ加入して1年を超える事業者
特別相談窓口	•都道府県、政府系金融機関、信用保証協会、商工会議所・商工会、地方経済産業局、中小企業基盤整備機構等が単独又は共同で開設 •相談受付内容は、 ① 中小企業の復興支援 ② 中小企業向け融資 ③ 雇用対策関係 など	都道府県、政府系金融機関、信用保証協会、商工会議所・商工会、地方経済産業局、中小企業基盤整備機構等	単独の場合は各支店等、共同の場合は商工会議所・商工会などに設置される	特になし

⑵ 東日本大震災による被災者に向けた各種支援制度

甚大な被害をもたらした東日本大震災による被災者に向けた支援制度は個人から企業を対象に幅広く多く存在するが、とりわけ、中小企業の再建のために設けられたものとしては、以下のようなものがある。

	制度名
①	東日本大震災復興特別貸付
②	小規模事業者経営改善資金融資（マル経融資）
③	東日本大震災復旧緊急保証
④	災害関係保証
⑤	東日本大震災事業者再生支援機構による支援

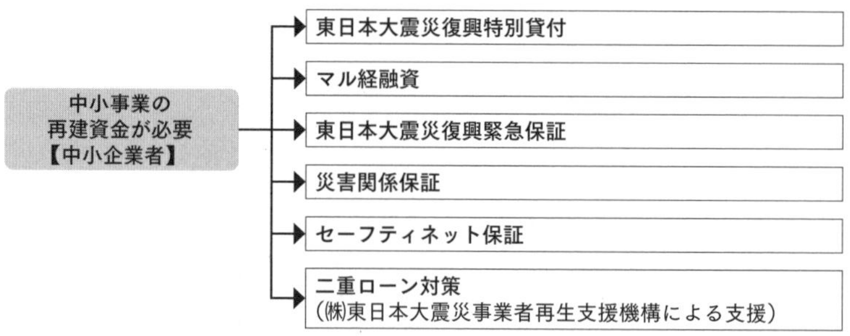

（出典：内閣府「被災者支援に関する各種制度の概要（東日本大震災編）」）

① 東日本大震災復興特別貸付

東日本大震災復興特別貸付制度の概要は、以下のとおりである。

■東日本大震災復興特別貸付制度の概要

制度の名称	東日本大震災復興特別貸付
支援の種類	融資
支援の内容	•日本公庫・商工中金による長期・低利融資 •貸付限度額 ・日本公庫（中小事業）・商工中金：7.2億円 ・日本公庫（国民事業）：4,800万円 •貸付金利 ・基準利率から0.5％引下げ ※基準利率： ・日本公庫（中小事業）、商工中金1.55％ ・日本公庫（国民事業）2.05％ （貸付期間5年以内の基準金利〔平成24年6月30日時点〕） •利率：返済期間などにより変動 •貸付期間 説備資金：15年以内、運転資金：8年以内 据置期間：最大3年 •その他 ・地震 ・津波などにより直接被害を受けた者 ・原発事故に係る警戒区域、計画的避難区域、緊急時避難準備区域内の者 ・これらの者と一定以上の取引がある者には、別枠で貸付期間の延長や金利の引下げを措置
活用できる者	震災により直接又は間接に被害を受けた中小企業者などが対象
今回の措置	今般の震災を受けての新規制度
問い合わせ先	最寄りの株式会社日本政策金融公庫、最寄りの株式会社商工組合中央金庫

②　小規模事業者経営改善資金融資（マル経融資）

小規模事業者経営改善資金融資（マル経融資）制度の概要は、以下のとおりである。

■マル経融資制度の概要

制度の名称	マル経融資
支援の種類	融資
支援の内容	• 小規模事業者経営改善資金融資（通称：マル経融資）制度は、商工会議所・商工会・都道府県商工会連合会（以下「商工会議所等」という。）の経営指導員が経営指導を行うことによって日本政策金融公庫が無担保・無保証人・低利で融資を行う制度 • 今般の震災により被害を受けた小規模事業者の資金繰りを支援するため、震災対応特枠として、以下の措置を実施 ・貸付限度額について、通常枠と別枠で1,000万円を措置 ・貸付金利について、別枠1,000万円の範囲内で、当初3年間さらに▲0.9%引下げ。 （平成24年6月30日現在0.85） ・貸付期間について、設備資金は10年以内（据置期間2年以内） ・運転資金は7年以内（据置期間1年以内） （※）震災により直接又は間接に被害を受け、かつ、商工会議所等が策定する小規模企業再建支援方針に沿って事業を行うことが見込まれる者に限定 【通常枠】 ・貸付限度額1,500万円 ・貸付金利平成24年6月30日現在1.75% （日本公庫基準金利から▲0.3%） （貸付期間、措置期間は震災対応特枠と同じ）

活用できる者	• 小規模事業者 常時使用する従業員が20人以下（商業・サービス業の場合は5人以下）の法人・個人事業主 • 商工会議所等の経営指導を受けているなどの要件を満たしている者
今回の措置	今般の補正予算において、既存の制度を拡充 （既存の制度： ・貸付限度額1,500万円、 ・貸出金利基準金利から▲0.3%）
問い合わせ先	最寄りの商工会議所・商工会・都道府県商工会連合会

③　東日本大震災復旧緊急保証

東日本大震災復旧緊急保証制度の概要は、以下のとおりである。

■東日本大震災復旧緊急保証制度の概要

制度の名称	東日本大震災復旧緊急保証
支援の種類	融資（保証）
支援の内容	• 信用保証協会が、金融機関からの事業の再建や経営の安定に必要な資金の借入れを保証 • 融資額の全額を保証（100%保証）し、保証料率は0.8%以下 • 災害関係保証、セーフティネット保証とあわせて無担保で1億6,000万円、最大で5億6,000万円まで一般保証とは別枠で利用可能
活用できる者	震災により直接又は間接に被害を受けた中小企業者などが対象
今回の措置	今般の震災を受けての新規制度

問い合わせ先	各都道府県等の信用保証協会

④　災害関係保証

災害関係保証制度の概要は、以下のとおりである。

■ 災害関係保証制度の概要

制度の名称	災害関係保証
支援の種類	融資（保証）
支援の内容	• 金融機関から事業の再建に必要な資金の借入を行う場合、信用保証協会が一般保証とは別枠で保証する制度 • 融資額の全額を保証（100％）し、保証料率はおおむね0.7％～1.0％。無担保8,000万円、最大で2億8,000万円まで一般保証とは別枠で利用可能
活用できる者	地震、津波等により直接被害を受けた方及び原発事故に係る警戒区域等の区域内の者
今回の措置	既存からの制度
問い合わせ先	各都道府県等の信用保証協会

⑤　東日本大震災事業者再生支援機構による支援

中小企業被災者にとっての二重ローン対策として、復興庁が監督官庁として設定されている機関である東日本大震災事業者再生支援機構（通称「震災支援機構」）による支援概要は、次項で説明する。

⑶　東日本大震災事業者再生支援機構（震災支援機構）

東日本大震災事業者再生支援機構（以下「震災支援機構」という。）は、平成23年に発生した東日本本大震災（福島第一原子力発電所事故による被災も含む。）で多くの企業が津波や警戒区域設定に伴う避難によって甚大な被害を受け、これらの企業のうち特に中小企業の負った過大債務を解消し、事業の再開・継続を支援することを目的として設置されたものである。

監督官庁は復興庁で、時限立法の下で設立された機関であるが、令和元年8月30日付けで、金融庁は、震災支援機構の積極的な活用を促すべく金融機関向けに、被災事業者に対する支援決定期限が平成30年2月に3年間延長され、令和2年度末までとなっている旨を周知徹底することをアナウンスしている。

令和元年8月5日に、自由民主党・公明党より「東日本大震災復興加速化のための第8次提言〜新たな復興の道筋について」が公表され、その中で、「東日本大震災事業者再生支援機構による二重ローン対策については、支援決定期限である令和2年度末までの期間を最大限有効活用し、支援措置の周知を徹底しつつ、できる限り多くの事業者が制度を活用できるよう全力で取り組むこと。」とされ、被災事業者の再生支援を促進するため、支援決定期限である令和2年度末までの間に、震災支援機構の機能を最大限活用させようとしている。

これを踏まえ、金融庁においては、「機構の積極的な活用による被災事業者の再生支援」及び「支援決定を行った事業者に対する主体的かつ継続的な支援」の2つの観点から、地域金融機関へのアナウンスを行っている。

①　機構の積極的な活用による被災事業者の再生支援

地域金融機関においては、顧客企業の経営課題を的確に把握し、その解決に資するアドバイスやファイナンスの提供など、地域における金融仲介機能を十分に発揮することによって、地域企業の生産性向上を図り、ひいては地域経済の発展に貢献していくことが求められている。

特に被災地域においては、震災から8年半が経過し、被災事業者を取り巻く環境等も変化しているが、震災支援機構を活用した被災事業者の再生支援については、引き続き、その取組の促進が求められている。

このため、金融機関に対しては、被災事業者に対し、震災支援機構において今般、震災後借入金が買取対象となり得る例を明確化したことも踏まえ、震災支援機構の役割・機能等を丁寧に説明するとともに、被災事業者の経営支援の観点から震災支援機構の積極的な活用を検討することを促している。

②　支援決定を行った事業者に対する主体的かつ継続的な支援

震災支援機構が支援決定を行った事業者においては、支援決定後の事業再生計画期間（最長15年）において、事業再生を果たすことが重要とされている。

支援決定を行った事業者の事業再生には、支援を表明した金融機関が主体的かつ継続的に関与していくことがますます重要となっており、金融機関に対して、震災支援機構と十分な連携を図り、事業再生計画の遂行について主体的かつ継続的にモニタリング及び支援を行うことを要請している。

a）震災支援機構のスキーム

政府が預金保険機構と農水産業協同組合貯金保険機構にそれぞれ186.8億円、13.2億円を出資し（計200億円）、両機構と他の民間企業、地方自治体が出資を行って設立されたのが震災支援機構である。

また、市場からの資金調達に対しては、5,000億円の政府保証が付く。震災支援機構は、中小事業者が金融機関に対して被災前から負っていた旧債務を買い取り、その債務の支払を繰り延べるとともに、一部債務免除等を行い、金融機関が事業者に対して事業再開のための新たな融資を行うための環境を整えることを主眼としている。

さらに、震災支援機構は、対象事業者に対する出資、債務保証、つなぎ融資、経営指導等も行い、円滑な事業再開を支援している。

支援の対象は、政令の指定する市町村に所在する小規模事業者、農林水産事業者、医療福祉事業者等であり、第三セクターや大企業は対象外となっている。

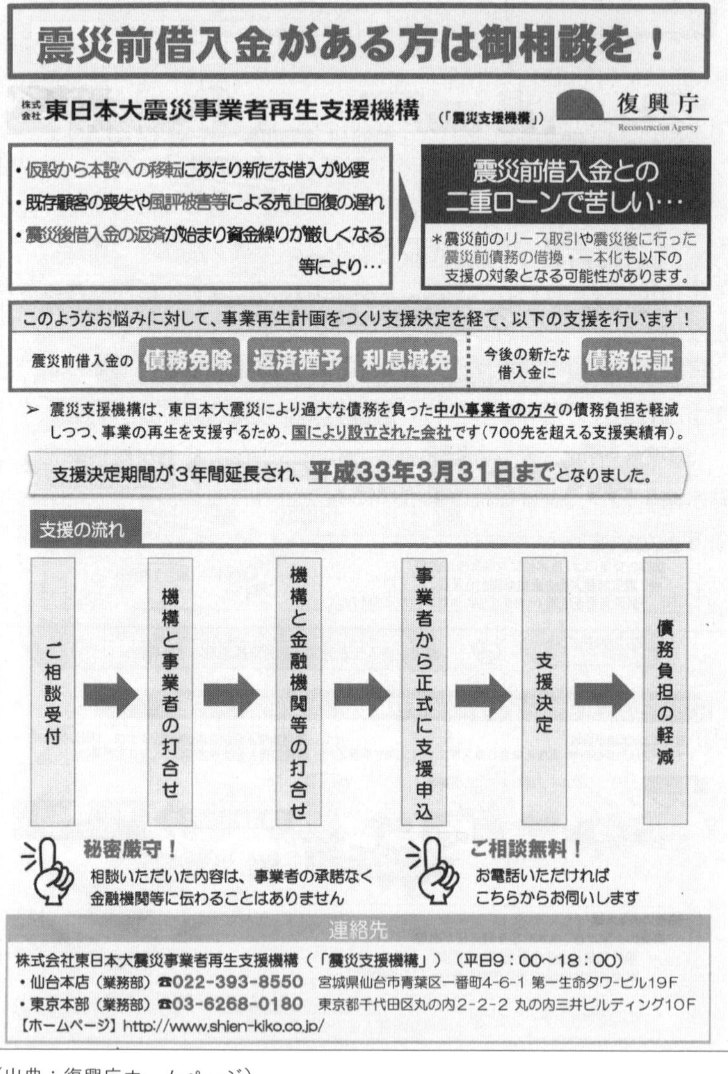

（出典：復興庁ホームページ）

b）震災支援機構による支援の概要

震災支援機構による支援の概要は、以下のとおりである。

■震災支援機構による支援の概要

制度の名称	二重ローン対策（(株)東日本大震災事業者再生支援機構による支援）
支援の種類	債権の買取りや出資、専門家の助言
支援の内容	•債権の買取りや出資、専門家の助言などを通じて事業再生の支援を行う（株）東日本大震災事業者再生支援機構が業務を開始。
活用できる者	全ての事業者（大企業、第三セクターは除く。）
今回の措置	今般の震災を受けての新規制度
問い合わせ先	（株）東日本大震災事業者再生支援機構 •仙台本店 TEL 022-393-8550（月～金9：00～18：00祝日除く） FAX 022-213-7242 •東京本部 TEL 03-6268-0180（月～金9：00～18：00祝日除く） FAX 03-3218-3718

c）震災支援機構による支援の基準

震災支援機構による支援の基準は、以下のとおりである。

（ア） 再生支援の申込みにあたって、メインバンク、スポンサー等から貸付、出資が見込まれること

（イ） 15年以内に有利子負債のキャッシュ・フローに対する比率が15倍以内となること

（ウ）5年以内に営業損益が黒字となること（補助金等で経常黒字の場合も配慮）

（エ）15年以内に債務超過が解消される見込みであること

上記の基準をもとに、震災支援機構内で案件化されると、詳細な再生計画（貸借対照表計画、損益計算書計画、キャッシュ・フロー計画、設備投資計画、税金計画、有利子負債返済計画等）の作成により、支援決定へのプロセスが取られる。

2 税務上の優遇措置（国税通則法、法人税法、所得税法）

(1) はじめに

東日本大震災後も我が国では令和元年まで様々な災害に見舞われた。平成28年4月14日のマグニチュード7.3の熊本地震や令和元年の台風第19号などは比較的記憶に新しい災害である。このような災害を受け、我が国では公的支援、補助金、助成金など多くの対策を行ってきた。本節では、東日本大震災を契機に設けられた災害時における税務上の優遇措置を中心に説明していきたい。

(2) 申告期限の延長

① 被災地の納税者

国税通則法上、申告・納付などの期限は災害その他やむを得ない理由により申告期限などまでに申告等の行為を行うことができない場合にはその期限を延長することができる旨の定め[41]がある。東日本大震災を受けて、国税庁から、一定の地域[42]に納税地を有する納税者については申告期限を延長するという内容が告示された。

延長期限の期日については、ライフラインの復旧、交通機関の復旧、

41　国税通則法11条1項　（略）災害その他やむを得ない理由により、国税に関する法律に基づく申告、申請、請求、届出その他書類の提出、納付又は徴収に関する期限までにこれらの行為をすることができないと認めるときは、政令で定めるところにより、その理由のやんだ日から2月以内に限り、当該期限を延長することができる。

42　一定の地域とは、青森県、岩手県、宮城県、福島県、茨城県の地域として発表された。

避難者の住居の安定や避難指示の解除など各地域の復興状況を考慮し、以下のように地域ごとに期日指定が行われた。

【各地域の申告期限】

（ア）　青森県及び茨城県：平成23年7月29日

（イ）　岩手県、宮城県及び福島県の内陸部など約8割の市町村：平成23年9月30日[43]

（ウ）　岩手県、宮城県の沿岸部の一部の市町村：平成23年12月15日[44]

（エ）　宮城県の石巻市、東松山市、女川町：平成24年4月2日[45]

（オ）　福島県の原発周辺地域（田村市、南相馬市、川俣町、広野町、楢葉町、富岡町、川内村、大熊町、双葉町、浪江町、葛尾村、飯舘村の12市町村）：平成26年3月31日[46]

ただし、福島県の原発周辺地域については、この期限延長措置の終了により複数年分の申告・納付などを行わなければならなくなるという点が考慮されることとなった。具体的には、1年間の手続期間を設け、平成27年3月31日までに申告・納付等の手続を行うこととなった。なお、同日までに申告・納付等をすることが困難な方については、個々の事情を踏まえ、さらなる期限延長も認められた。

43　23.6.3国税庁告示15

44　23.10.17国税庁告示27

45　24.2.3国税庁告示4

46　26.1.31国税庁告示3

②　被災地以外の納税者

納税地が被災地にある納税者については、上記①の告示等により申告期限が延長される優遇措置が取られたが、東日本大震災は東北地域を中心に広範囲に被害が及んだことから、必ずしも被災者が①で定められた地域の納税者であるとは限らない。そのような場合には個別指定による申告・納付期限の延長を行うこととなる[47]。個別指定による延長が認められるケースは、国税庁より、地域指定以外の地域に納税地がある法人が、災害により期限までに法人税、消費税及び地方消費税の申告をすることができない場合の事例[48]が示されている。

【個別指定による申告期限等の延長が認められる場合】

（ア）　本社事務所が損害を受け、帳簿書類等の全部又は一部が滅失する等、直接的な被害を受けたことにより申告等を行うことが困難な場合

（イ）　交通手段・通信手段の遮断や停電（計画停電を含む。）などのライフラインの遮断により申告等を行うことが困難な場合

（ウ）　会計処理を行っていた事業所が被災し、帳簿書類の滅失や会計データが破損したことから、決算が確定しないため、申告等を行うことが困難な場合

（エ）　工場、支店等が被災し、合理的な損害見積額の計算を行うのに相当期間を要し、決算が確定しないため、申告等を行うことが困難な場合

（オ）　連結納税の適用を受けている場合において、連結子法人が被災

47　地域指定が行われた地域で被災した事業所があるものの、本店が指定地域以外にあるために地域指定による期限延長が受けられない場合などに適用

48　国税庁ホームページ、2020.1.14閲覧（http://www.nta.go.jp/taxes/shiraberu/saigai/higashinihon/hojin_shohi_gensenFAQ/answer01.htm）

し、連結所得の計算に必要な会計データの破損があったことなどから、申告等を行うことが困難な場合

（カ）　災害の影響により、株主総会が開催できず、決算が確定しないため、申告等を行うことが困難な場合

（キ）　税理士が、交通手段・通信手段の遮断や停電（計画停電を含む。）などのライフラインの遮断、納税者から預かった帳簿書類の滅失又は申告書作成に必要なデータの破損等により、関与先法人の申告等を行うことが困難な場合

個別指定の申請は、やむを得ない理由がやんだ後相当の期間内に、一定の書類を所轄税務署長に提出することにより行われる。実務的には原則として災害のやんだ日から1か月以内に、「災害による申告、納付等の期限延長申請書」を所轄税務署長に提出することとなる。

なお、国税通則法ではなく、法人税法によっても確定申告書の提出期限の延長の規定はある。この場合、災害その他やむを得ない理由により決算が確定しないため法人税の確定申告書を提出期限までに提出することができないと認める場合には、事業年度終了の日の翌日から45日以内に決算が確定しない理由、指定を受けようとする期日などを記載した申請書を提出する[49]こととなるのであるが、国税通則法により延長された①や②の場合には、利子税が免除されるのに対して、法人税法の規定により申告期限が延長された場合には、利子税の支払が発生し、かつ、消費税及び地方消費税の申告については当該規定により延長がされるわけではないので、所定の期限までに申告書を提出する必要が出てくる。したがって、災害などにより申告期限の延長を申請する場合には、国税通則法に則って申告期限等の延長を行う方が納税者に有利になるものと考えられる。

49　法人税法75条1項、2項

⑶　災害に関する法人税の取扱いについて

東日本大震災により被害を受けた法人は、様々なイレギュラーな対応が求められることとなった。本節ではその中でも特に留意するべき点につき、その取扱いをまとめることとする。

①　資産の評価損

法人税法上、資産の評価損は原則的には損金の額には算入されないこととされている。ただし、その有する資産につき、物損[50]などの事実が生じた場合で、かつ、法人がその資産の評価替えをして損金経理によりその帳簿価額を減額したときは、評価替え直前の帳簿価額と期末の時価との差額を限度として損金算入することができる[51]ものとさ

50　法人税法施行令68条に物損の具体例が提示されている。例えば、固定資産に関するものは以下のとおりである。

イ　当該資産が災害により著しく損傷したこと。

ロ　当該資産が1年以上にわたり遊休状態にあること。

ハ　当該資産がその本来の用途に使用することができないため他の用途に使用されたこと。

ニ　当該資産の所在する場所の状況が著しく変化したこと。

ホ　イからニまでに準ずる特別の事実

51　法人税法33条1項　内国法人がその有する資産の評価換えをしてその帳簿価額を減額した場合には、その減額した部分の金額は、その内国法人の各事業年度の所得の金額の計算上、損金の額に算入しない。

同条2項　内国法人の有する資産につき、災害による著しい損傷により当該資産の価額がその帳簿価額を下回ることとなつたことその他の政令で定める事実が生じた場合において、その内国法人が当該資産の評価換えをして損金経理によりその帳簿価額を減額したときは、その減額した部分の金額のうち、その評価換えの直前の当該資産の帳簿価額とその評価換えをした日の属する事業年度終了の時における当該資産の価額との差額に達するまでの金額は、前項の規定にかかわらず、その評価換えをした日の属する事業年度の所得の金額の計算上、損金の額に算入する。

れている。国税庁から公表されているFAQ[52]によると、被災資産の評価損、原発事故による賠償対象区域内の土地・建物の評価損、同地域内の減価償却資産の融資除却については、損金の額に算入することができるものとしている。

②　復旧のために支出する費用

被害を受けた法人は、復旧のために費用を支出する、新たに資産を購入する、災害が繰り返されないように補強を行う、等の対策に迫られることとなるが、それぞれの支出について、その性質に鑑みて、法人税法上の一時の損金として認められるものと資産計上の後減価償却として耐用年数に応じた損金算入が認められるものがある。そこで、各支出の性質に応じて、以下に取扱いをまとめた。

a）二次災害を回避するなどの目的で行った補強工事

二次災害を回避するなどの目的で、被災した建物などについて耐震性を高める補強工事は被害を受ける前の機能を維持するために行うものと考えられ、当該支出を修繕費として経理処理した場合には、損金算入が認められる。

b）被災資産以外の資産の耐震性を高める工事費用

被災資産以外の資産について耐震性を高めるための工事を行った場合には、原則としてその工事に要した費用は、当該資産の使用可能期間の延長又は価額の増加をもたらすものとして資本的支出に該当する。

52　災害に関する法人税、消費税及び源泉所得税の取扱いFAQ（https://www.nta.go.jp/taxes/shiraberu/saigai/higashinihon/hojin_shohi_gensenFAQ/pdf/hojin_shohi_gensenshotokufaq.pdf）

③　従業員等に支給する災害見舞金

法人が被災した事故の従業員に支給する災害見舞金品が福利厚生費として取り扱われるためには、一定の基準を満たす必要がある。この一定の基準とは、次の要件を満たすことをいう。

a）被災した全従業員に対して被災した程度に応じて支給されるものであるなど、各被災者に対する支給が合理的な基準によっていること。

b）その金額もその支給を受ける者の社会的地位等に照らし被災に対する見舞金として社会通念上相当であること。

なお、この一定の基準はあらかじめ社内の慶弔規程等に定めていたもののほか、災害を機に新たに定めた規程等であっても、これに該当するものとして取り扱われる。

④　取引先に対する災害見舞金について

通常、法人が取引先に対して経済的利益の供与を行った場合には寄附金や交際費として損金不算入とされる。ただし、法人が被災を受けた取引先に対して災害見舞金を支出した場合、その取引先の被災の程度や取引関係の度合いなどを勘案した相応の災害見舞金であれば、その金額の多寡にかかわらず損金算入をすることができる[53]。

53　租税特別措置法基本通達61の4(1)-10の3　法人が、被災前の取引関係の維持、回復を目的として災害発生後相当の期間内にその取引先に対して行った災害見舞金の支出又は事業用資産の供与若しくは役務の提供のために要した費用は、交際費等に該当しないものとする。

⑤　売掛債権の免除について

法人が取引先に対する売掛金などの債権を免除した場合において、合理的な免除理由がないときは、免除した相手方に対する寄附金又は交際費等として取り扱われる[54・55]。しかし、取引先が被災したことにより商品の滅失等があった場合には仕入に対応する売上を上げることができず、代金の回収が困難になるケースがある。そのような場合には実質災害見舞金の代わりであるものとして売上債権の免除を行ったとしても損金へ算入することができる。

54　法人税法37条7項　前各項に規定する寄附金の額は、寄附金、拠出金、見舞金その他いずれの名義をもつてするかを問わず、内国法人が金銭その他の資産又は経済的な利益の贈与又は無償の供与（広告宣伝及び見本品の費用その他これらに類する費用並びに交際費、接待費及び福利厚生費とされるべきものを除く。次項において同じ。）をした場合における当該金銭の額若しくは金銭以外の資産のその贈与の時における価額又は当該経済的な利益のその供与の時における価額によるものとする。

55　租税特別措置法61条の4第4項　第1項に規定する交際費等とは、交際費、接待費、機密費その他の費用で、法人が、その得意先、仕入先その他事業に関係のある者等に対する接待、供応、慰安、贈答その他これらに類する行為（以下この項において「接待等」という。）のために支出するもの（次に掲げる費用のいずれかに該当するものを除く。）をいい、第1項に規定する接待飲食費とは、同項の交際費等のうち飲食その他これに類する行為のために要する費用（専ら当該法人の法人税法第2条第十五号に規定する役員若しくは従業員又はこれらの親族に対する接待等のために支出するものを除く。第二号において「飲食費」という。）であつて、その旨につき財務省令で定めるところにより明らかにされているものをいう。（以下、略）

⑥　災害損失特別勘定

a）概要

法人が災害のあった日の属する事業年度において、災害により被害を受けた棚卸資産及び固定資産の修繕等のために、災害のあった日から1年以内に支出する費用の適正な見積額を災害損失特別勘定として経理した場合には、その災害損失特別勘定として経理した金額を、当該事業年度の所得の金額の計算上損金の額に算入することができる。なお、災害のあった日から1年を経過する日の属する事業年度において、災害損失特別勘定の残高がある場合には、その残高につき取崩を行い益金の額に算入することとなる。ただし、やむを得ない理由などにより修繕等が遅れており、かつ、税務署長の承認を受けた場合には、その修繕が完了すると見込まれる日の属する事業年度まで、その取崩を延長することができる。

b）災害損失特別勘定への繰入限度額

災害により被害を受けた棚卸資産及び固定資産の修繕等のために災害のあった日から1年以内に支出する費用につき、適正に見積もった場合には損金算入ができるのであるが、その場合であっても一定の損金算入の限度額が設定されている。災害損失特別勘定への繰入限度額は、次の（ア)又は（イ)に掲げる金額のいずれか多い金額である。

（ア）　被災資産（その被害に基づき評価損を計上したものを除く）の被災事業年度等終了の日における価額がその帳簿価額に満たない場合のその差額に相当する金額

（イ）　被災資産について、災害のあった日から1年を経過する日までに支出すると見込まれる次に掲げる費用の見積額。ただし、被災事業年度終了の日の翌日以後に支出すると見込まれる金額に限る。

㋑　被災資産の取壊し又は除去のために要する費用

㋺　被災資産の原状回復のために要する費用

㋩　土砂その他の障害物の除去に要する費用その他これらに類する費用

㊁　被災資産の損壊又は価値の減少を防止するために要する費用

なお、被災資産のうち災害損失特別勘定の繰入対象とするものに係る保険金や補助金など一定の補填金額がある場合には、その補填される金額の合計額を控除した残額となる。

⑷　災害に関する所得税の取扱いについて

東日本大震災により被災された個人については、期限の延長のほかに多くの軽減措置や免除措置が行われ、国税庁より発表されている[56]。

①　所得税の軽減又は免除

東日本大震災により住宅や家財などに損害を受けた個人は、以下の2とおりの方法により所得税の軽減又は免除を受けることができる。この規定を受けられるのは、平成22年分又は平成23年分のいずれかの年分となっている。

56　国税庁ホームページ　東日本大震災により被害を受けられた個人の方へ（https://www.nta.go.jp/taxes/shiraberu/saigai/higashinihon/tokurei/shotoku/index.htm）

a）所得税法に基づく雑損控除

対象となる資産の範囲等：生活に通常必要な資産[57]

控除額の計算又は所得税の軽減額：以下のいずれかの方法で計算した金額のうち、多い金額

（ア）（損害金額—保険金等で補てんされる金額）[58]—所得金額の10%

（イ）差引損失額のうち災害関連支出の金額[59]—5万円

b）災害減免法に定める税金の軽減免除

対象となる資産の範囲：住宅や家財（損害額が受託や家財の価額の2分の1以上である場合のみ。）

控除額の計算又は所得税の軽減額：所得税の軽減額等は以下のとおりである。

（ウ）その年の所得金額が500万円以下：所得税全額免除

（エ）その年の所得金額が500万円超750万円以下：所得税の50%免除

（オ）その年の所得金額が750万円超1,000万円以下：所得税の25%免除

なお、雑損控除の場合において、その年の所得の金額から控除しきれない金額があるときは、翌年以後5年間に繰り越して各年の所得金額から控除することができるが、災害被害者に対する租税の減免、徴収猶予等に関する法律（以下「災害減免法」という。）に定める税金の軽

57　棚卸資産や事業用の固定資産、山林、別荘や競走馬、1個又は1組の価額が30万円を超える貴金属、書画、骨とう等が対象となる資産から除かれている。

58　以下、差引損失額という。

59　災害関連支出とは災害により滅失した住宅・家財を除去するための費用等を指す。

減免除の場合には、損害を受けた年分の所得金額が1,000万円以下の個人に限り、かつ、減免を受けた年の翌年以降は減免を受けることができない。

②　住宅借入金等特別控除の特例

大震災により住宅ローンなどの残高がある住宅で、住宅借入金等特別控除の適用を受けていた住宅について居住できなくなった場合についても、その住宅に係る住宅借入金等特別控除の残りの適用期間について、引き続き、住宅借入金等特別控除の適用を受けることができる。

また、大震災により自己の所有する家屋が被害を受けたことにより自己の居住の用に供することができなくなった場合において、住宅の取得等をしてその住宅を居住の用に供したときは、通常の住宅借入金等特別控除の適用に変えて、住宅の再取得等に係る住宅借入金等特別控除の控除額の特例の適用を選択することがてきる。

a）平成23年分

（ア）　住宅借入金等の年末残高の限度額：4,000万円（通常3,000万円）

（イ）　控除率：1.2%（通常1.0%）

b）平成24年分

（ア）　住宅借入金等の年末残高の限度額：3,000万円（通常2,000万円）

（イ）　控除率：1.2%（通常1.0%）

c）平成25年分

（ア）　住宅借入金等の年末残高の限度額：3,000万円（通常2,000万円）

（イ）　控除率：1.2%（通常1.0%）

③　納税の猶予

納税者が震災により家屋等の財産に相当な損失を受けた場合は、その災害の止んだ日から2か月以内に税務署長に申請し、その承認を受けることにより損失を受けた日以後1年以内に納付すべき一定の国税について、1年以内の期間、納税の猶予を受けることができる[60]。ここでいう災害により相当な損失を受けたというのは、災害により全積極財産のおおむね20%以上の損失を受けた場合を指し、災害時に納期限が到来しているか未到来かによって、猶予期間が以下のとおり定められている[61]。

a）損失を受けた日に納期限が到来していない国税：納期限から1年以内

b）損失を受けた日に既に納期限が到来している国税：原則として1年以内

60　国税通則法46条1項　税務署長（第43条第1項ただし書、第3項若しくは第4項又は第44条第1項（国税の徴収の所轄庁）の規定により税関長又は国税局長が国税の徴収を行う場合には、その税関長又は国税局長。以下この章において「税務署長等」という。）は、震災、風水害、落雷、火災その他これらに類する災害により納税者がその財産につき相当な損失を受けた場合において、その者がその損失を受けた日以後1年以内に納付すべき国税で次に掲げるものがあるときは、政令で定めるところにより、その災害のやんだ日から2月以内にされたその者の申請に基づき、その納期限（納税の告知がされていない源泉徴収による国税については、その法定納期限）から1年以内の期間（第三号に掲げる国税については、政令で定める期間）を限り、その国税の全部又は一部の納税を猶予することができる。（以下、略）

61　当該猶予期間中にやむを得ない理由によって納付することが困難な場合はさらに1年間、猶予期間の延長を受けることができる。

④　個人事業者に係る措置

個人事業者の場合には、その個人事業者が行っている事業に係る損失等について各種優遇措置がなされている。

ａ）被災事業用資産の損失

平成23年分において、事業所得者等の有する棚卸資産、事業用資産等について大震災により生じた損失については、その損失額を平成22年分の事業所得の金額等の計算上、必要経費に算入することができる。

ｂ）純損失の繰越控除

事業所得者等の有する棚卸資産、事業用資産等について大震災により生じた損失を有する場合において、平成23年において生じた純損失の金額のうち、保有する事業用資産等に占める事業用資産の震災により生じた損失額の割合が10％以上である場合など一定の場合には、その損失額を5年間繰り越すことができる。

ｃ）被災代替資産等の特別償却

大震災により滅失又は損壊した建物、構築物、機械装置、船舶、航空機、車両運搬具に代わるこれらの資産の取得等をして事業の用に供した場合等には、これらの減価償却資産の取得価額に一定の償却割合を乗じた金額の特別償却を行うことができる。

⑸　税務の動向

これまでの節において、東日本大震災の際に我が国が行ってきた法人税や所得税の取扱いについての概要を確認した。しかし、残念なことに東日本大震災以後も多くの災害が発生しており、東日本大震災以後も様々な税務上の措置が手当されている。この節ではいくつかの例を紹介したい。

①　災害により帳簿等を消失した場合

災害により納税者や関与税理士が帳簿書類や過年度の申告書の控えなどを消失してしまうことがある。このような場合には、その後の申告を行うことが困難である点が考えられる。令和元年において発生した台風第19号の被害を受け、国税庁から発表された災害により帳簿等を消失した場合の回答により、災害で過去の申告書の控えなどが消失した場合の対応が明らかになった[62]。

本回答によれば、申告書等の作成にあたり、過去に提出した申告書等の内容を確認したい場合には税務署に提出されている申告書等を閲覧する「申告書等閲覧サービス」を利用することが可能とのことである。また、原則として申告書等のコピー交付は行っていないが、罹災証明書等により災害を受けた事実を確認した上で、申告書等の作成に必要な部分について、コピーの交付を受けることができる。

②　災害備蓄品の損金算入時期

東日本大震災以降、企業に対して従業員用の飲料水や食料、その他必要な物資等を備蓄することが推奨されている。では、非常用食料品などを購入した場合の損金算入時期はいつになるのであろうか。原則的に消耗品は使用した事業年度に損金算入をし、残りは貯蔵品等の科目により資産計上されることとなる。しかし、食料品は繰り返し使用するものではなく、消耗品としての特性を持つものであることや備蓄時に事業供用があったと判断できることなどから、全額を損金算入することが認められている。

62　国税庁ホームページ　タックスアンサーNo.8017（https://www.nta.go.jp/taxes/shiraberu/taxanswer/saigai/8017.htm）

③　消費税の課税方式の変更

消費税法上、免税事業者が課税事業者選択届出書を、原則課税方式と簡易課税方式のそれぞれの課税方式をとっている課税事業者が課税方式の変更を行う場合には課税方式の変更に係る届出手続を、原則として、課税方式の変更を受けようとする事業年度開始の日の前日までに行わなくてはならない。しかし、災害等により設備投資を行う必要が発生し、多額の消費税の支払が発生し、課税方式の変更を受けたい場合には、届出書の提出時期などについては一定の救済措置が規定されている[63]。

課税方式等の変更手続につき、消費税法上は所轄税務署長の承認をもって、特定非常災害に係る特例上は、届出書の提出をもって課税方式の変更が認められるため、必要に応じて課税方式等の変更を行うことができる可能性がある。

63　租税特別措置法86条の5

2　消費税法第9条第4項の規定による届出書を提出した事業者が被災事業者となつた場合又は被災事業者が指定日までに当該届出書を提出した場合におけるこれらの事業者の被災日の属する課税期間以後の課税期間（当該届出書の提出により消費税を納める義務が免除されないこととなる課税期間に限る。）に係る同条第5項の規定による届出書の提出については、同条第6項及び第7項の規定は、適用しない。

3　被災事業者で被災日の属する課税期間以後の課税期間につき消費税法第9条第4項の規定の適用を受けることをやめようとする者が、同条第5項の規定による届出書を指定日までにその納税地を所轄する税務署長に提出したときは、当該届出書を同条第4項の規定の適用を受けることをやめようとする課税期間の初日の前日に当該税務署長に提出したものとみなして、同条第8項の規定を適用する。

3　金融機関によるリスケ等の支援

(1)　中小企業支援機関の災害発生当初における主な支援策

被災した中小企業者を支援するべく、中小企業庁は「被災中小企業者等支援策ガイドブック」を策定し、平成28年5月31日付けの第6版まで公表されているが、これをベースに各被災自治体で中小企業支援機関の災害発生当初における主な支援策を打ち立てている動きが見受けられる。

ここでは、特に金融機関等からの借入や返済に関する支援について、いくつかの制度をピックアップして説明する。借入金の返済猶予などの条件変更や事業再開に必要な資金を低利で借入れ可能となる制度の具体的な内容としては、主に次頁の表のようなものが挙げられる。

項目	内容	具体的な内容	窓口
金融機関等からの借入れや返済について	借入金の返済猶予などの条件変更や事業再開に必要な資金を低利で借入れ可能	•被災中小企業者の既往債務の返済条件緩和による負担軽減等	日本政策金融公庫、商工組合中央金庫等
		•信用保証制度（セーフティネット保証）	信用保証協会
		•災害特別貸付 •（例：平成28年熊本地震特別貸付）	日本政策金融公庫、商工組合中央金庫
		•小規模事業者経営改善資金融資事業 •（マル経融資）	商工会議所、商工会
		•高度化事業による貸付	県商工観光労働部
		•小規模企業共済制度の特例災害時貸付等	（独）中小企業基盤整備機構
		•金融機関等における特例措置（印鑑等紛失）	金融機関等
		•金融庁相談ダイヤル	金融庁
		•自然災害による被災者の債務整理に関するガイドライン	ローンの借入先
		•中小企業倒産防止共済制度	（独）中小企業基盤整備機構
		•中小企業退職金共済制度	（独）勤労者退職金共済機構等

（出典：被災中小企業者等支援策ガイドブック第6版、熊本県信用保証協会「平成28年熊本地震からの軌跡～ 創造的復興に向けて～」を基に作成）

このうち、金融機関による支援が大きくかかわる制度について説明する。

①　被災中小企業者の既往債務の返済条件緩和による負担軽減等

日本政策金融公庫、商工組合中央金庫及び信用保証協会が、返済猶予などの既往債務の条件変更、貸出手続の迅速化及び担保徴求の弾力化などについて、災害により被災を受けた中小企業・小規模事業者の実情に応じて対応するものである。

被災中小企業者の既往債務の返済条件緩和（リスケジュール等）による負担軽減制度の概要は、以下のとおりである。

【日本政策金融公庫、商工組合中央金庫での対応】

返済猶予の申し出が遅れた場合でも、返済期日に遡及して返済猶予に対応する。また、提出書類の簡素化や契約手続の迅速化を行うことで、被災した中小企業者の負担軽減を行う。

【信用保証協会での対応】

返済期日経過後の期日延長や返済方法、既往の保証付融資の借換等に柔軟に対応する。また、審査書類の簡素化や契約手続等の迅速化を行うことで、被災した中小企業者の負担軽減を行う。

【申込先】

日本政策金融公庫、商工組合中央金庫、信用保証協会

②　信用保証制度（セーフティネット保証）

セーフティネット保証とは、取引先企業等の倒産、営んでいる業種

が深刻な不況の影響を受けている場合、災害、取引金融機関の破綻等により経営の安定に支障が生じている中小企業者への資金供給の円滑化を図るため、通常の保証限度額とは別枠で保証を行う制度である。

このセーフティネット保証制度の概要及び手続プロセスは、以下のとおりである。

(ア)対象となる者
(イ)保証限度額
(ウ)保証料
(エ)セーフティネット保証利用手続の流れ

(ア)対象となる者

以下（1号～8号）の経済環境の急激な変化に直面し、経営の安定に支障をきたしている中小企業者であり、事業所の所在地を管轄する市区町村長の認定を受けた者が対象となる。災害による被災中小企業者は、主に4号に該当する。

- 1号　大型倒産発生により影響を受けている中小企業者
- 2号　取引先企業のリストラ等の事業活動の制限により影響を受けている中小企業者
- 3号　特定地域の災害等により影響を受けている特定業種を営む中小企業者
- 4号　特定地域の災害等により影響を受けている中小企業者
- 5号　全国的に業況が悪化している業種に属する中小企業者
- 6号　金融機関の破綻により資金繰りが悪化している中小企業者
- 7号　金融機関支店削減等合理化に伴う貸出抑制により影響を受けている中小企業者

・8号　整理回収機構等に貸出債権が譲渡された再生可能な中小企業者

(イ)保証限度額

通常の保証限度額2億8,000万円のほかに、以下の限度額を別枠として利用することができる。

(別枠保証限度額)

・普通保証2億円以内

・無担保保証8,000万円以内（無担保無保証人保証1,250万円以内）

(ウ)保証料

おおむね1％以内で、信用保証協会及び信用保証制度ごとに定められている。大体0.8％程度となっている。

(エ)セーフティネット保証利用手続の流れ

i　経済産業大臣が中小企業信用保険法の規定に基づき、セーフティネット保証の対象事由（1～5号）や期間を指定する。6号認定については預金保険法及び金融再生法に規定する破綻金融機関との金融取引が、7号認定は金融取引の調整を行っている指定金融機関との金融取引が指定の条件となる。8号認定は整理回収機構に貸付債権が譲渡されていることが指定の条件になる。

ii　1～8号に該当する中小企業は、住所地のある区市町村から「特定中小企業者」であることの認定を受ける。本社所在地の区市町村窓口（商工課等）へ認定申請する。申請を受け付けて問題がなければ数日間で認定書が発行される。

iii　保証に関する申込書に認定書を添付して、希望する金融機関又は所在地の信用保証協会に信用保証の申込みをする。

iv　その後のプロセスは、通常の保証申込みと同じである。申込み後、信用保証協会による審査が行われる。認定書には有効期間があり、認定日から起算して30日となっているため、この期限内に信用保証協会に申し込みをする必要がある。期限内に申込みができなかった場合は、再度認定書の交付申請を行う必要がある。

③　自然災害による被災者の債務整理に関するガイドライン

この「自然災害による被災者の債務整理に関するガイドライン」は、平成27年9月2日、「自然災害による被災者の債務整理に関するガイドライン研究会」設置後に災害救助法（昭和22年法律第118号）の適用を受けた自然災害の影響を受けたことによって、住宅ローン、住宅のリフォームローンや事業性ローン等の既往債務を弁済できなくなった個人若しくは個人事業主である中小企業者の債務者であって、破産手続等の法的倒産手続の要件に該当することになった債務者について、このような法的倒産手続によらずに、債権者と債務者の合意にもとづき、債務整理を行う際の準則として取りまとめられたものである。

昨今、東日本大震災以降も、地震や暴風、豪雨による河川氾濫等による様々な自然災害の影響によって、住宅ローン等を借りている個人や事業性ローンを借りている個人事業主である中小企業者が、既往債務を抱えたままでは、再スタートに向けて困難に直面する等の問題が生じることが考えられる。

かかる債務者への適切な対応は、自然災害からの着実な復興のために極めて重要な課題であり、東日本大震災に関して策定された「個人債務者の私的整理に関するガイドライン」に係る対応を通じて得られた経験等も踏まえ、新たな債務整理の枠組みが望まれていた。

このような状況の中、金融機関等が、個人である債務者に対して、破産手続等の法的倒産手続によらず、特定調停手続を活用した債務整理により債務免除を行うことによって、債務者の自助努力による生活や事業の再建を支援するため、債務整理を行う場合の指針となるガイドラインを取りまとめることを目標として、平成27年9月2日に「自然災害による被災者の債務整理に関するガイドライン研究会」が発足している。

この「自然災害による被災者の債務整理に関するガイドライン」は、同研究会における金融機関等団体の関係者等や、学識経験者らの議論を踏まえ、自然災害により被災した個人債務者や個人事業主の債務整理に関する金融機関等関係団体の自主的自律的な準則として、策定・公表されたものである。

以下では、このガイドラインの概要を順次説明する。

a）対象となる債務者と債権者

（ア）　次の全ての要件を備える個人若しくは個人事業主である債務者は、ガイドラインに基づく債務整理を申し出ることができる。

ⅰ　住居、勤務先等の生活基盤や事業所、事業設備、取引先等の事業基盤などが災害の影響を受けたことによって、住宅ローン、住宅のリフォームローンや事業性ローンその他の既往債務を弁済することができないこと又は近い将来において既往債務を弁済することができないことが確実と見込まれること。

ⅱ　弁済について誠実であり、その財産状況（負債の状況を含む。）を対象債権者に対して適正に開示していること。

ⅲ　災害が発生する以前に、対象債権者に対して負っている債務について、期限の利益喪失事由に該当する行為がなかったこと。ただし、当該対象債権者の同意がある場合はこの限りでない。

iv　ガイドラインに基づく債務整理を行った場合に、破産手続や民事再生手続と同等額以上の回収を得られる見込みがあるなど、対象債権者にとっても経済的な合理性が期待できること。

v　債務者が事業の再建・継続を図ろうとする事業者の場合は、その事業に事業価値があり、対象債権者の支援により再建の可能性があること。

vi　反社会的勢力ではなく、そのおそれもないこと。

vii　破産法（平成16年法律第75号）第252条第1項（第10号を除く。）に規定する免責不許可事由がないこと。

（イ）　対象債権者の範囲は、金融機関等（銀行、信用金庫、信用組合、労働金庫、農業協同組合、漁業協同組合、政府系金融機関、貸金業者、リース会社、クレジット会社及び債権回収会社並びに信用保証協会、農業信用基金協会等及びその他の保証会社（以下「保証会社等」という。）とする。ただし、ガイドラインに基づく債務整理を行う上で必要なときは、その他の債権者を含むこととする。

（ウ）　対象債権者は、対象債務者に対して保証付き貸付を行っている場合、代位弁済受領前においては、保証会社等に対する適宜の情報提供その他ガイドラインに基づく債務整理の円滑な実施のために必要な措置を講ずるよう努めるものとする。

b）登録支援専門家の委嘱

（ア）　ガイドラインに基づく債務整理を的確かつ円滑に実施するために、次に掲げる各団体は、債務者及び債権者のいずれにも利害関係を有しない中立かつ公正な立場でガイドラインに基づく手続を支援する者として、弁護士、公認会計士、税理士及び不動産鑑定士の専門家（以下「専門家」という。）の登録を行うこととする。

- 日本弁護士連合会及び弁護士法（昭和24年法律第205号）31条に規定する弁護士会
- 日本公認会計士協会及び各地域会
- 日本税理士会連合会及び各税理士会
- 公益社団法人日本不動産鑑定士協会連合会及び各不動産鑑定士協会

（イ）　前述の（ア）の登録を受けた専門家（以下「登録支援専門家」という。）は、以下の業務を行う。

- 債務整理の申出の支援
- 債務整理の申出に必要な書類の作成及び提出の支援
- 調停条項案の作成の支援
- 調停条項案の作成に係る利害関係者間の総合調整の支援
- 調停条項案の対象債権者への提出及び調停条項案の対象債権者への説明等の支援
- 申立てに係る必要書類の作成及び特定調停の申立て後当該特定調停手続の終了までの手続実施の支援

（ウ）　前述の（ア）に規定する各団体は、登録支援専門家に係る登録申請を受理した場合、業務の経験年数その他の基準に照らしてこれを審査した上で登録を行い、登録を行った者について以下に掲げる事項を記載した支援専門家登録簿を作成し、公衆の縦覧に供する。

- 氏名（法人所属であっても個人名により登録）
- 事務所又は営業所の名称及び所在地並びに連絡先

（エ）　前述の（ア）に規定する各団体は、規定する支援専門家登録簿を作成したときは、それぞれ、日本弁護士連合会、日本公認会計士協会、日本税理士会連合会又は公益社団法人日本不動産鑑定士協会連合会を通じて、一般社団法人東日本大震災・自然災害被災者債務整理ガイドライン運営機関（以下「運営機関」という。）に送付する。

c）債務整理の開始

同意書面を受領した対象債務者は、全ての対象債権者に対して、ガイドラインに基づく債務整理を書面により同一の日に申し出る。なお、当該書面には、取得した登録支援専門家の委嘱の事実を証する書面を添付する。

対象債務者は、ガイドラインに基づく債務整理の申出と同時に又は申出後直ちに、全ての対象債権者に対して、財産目録、債権者一覧表その他申出に必要な書類（以下「必要書類」という。）を提出する。なお、対象債務者は、申出及び必要書類の提出を、登録支援専門家を経由して行うことができ、この場合、登録支援専門家は、通知後速やかに当該申出及び必要書類の提出を行う。

申出を受けた対象債権者は、次のいずれかに該当する場合に限り、事前に登録支援専門家と協議の上、ガイドラインに基づく債務整理に異議を述べることができる。当該異議は、対象債務者、登録支援専門家及び当該対象債権者以外の全ての対象債権者に対して、異議の理由を明記した書面を同時に発送して行うものとする。なお、対象債権者が異議を述べなかった場合でも、当該対象債権者は、調停条項案に同意することを義務付けられるものではない。

- 対象債務者がa)（ア)の要件を満たさないことが明らかであると認められる場合
- 対象債務者が後述の一時停止要件に違反したことが判明した場合
- 必要書類に明らかな不備があるにもかかわらず相当な期間内に補正されない場合（ただし、申出の翌日から起算して45日を経過した場合にはこの限りでない。)

ガイドラインに基づく債務整理は、次に掲げる日のいずれか最も早い日に終了する。

- 申出があった日から6か月を経過した日（対象債務者が、全ての対象債権者の同意を得て別途の日を定めた場合には、当該同意により定められた日（この場合、対象債務者は全ての対象債権者及び登録支援専門家に対して変更後の債務整理の終了日を書面により通知する。)。また、後述の特定調停の申立てが行われた後は、当該特定調停手続が終了した日）
- 対象債務者がガイドラインに基づく債務整理を取り下げる旨の書面を全ての対象債権者に発送した日
- 対象債権者による、異議を述べた書面が対象債務者、登録支援専門家及び他の全ての対象債権者に到達した日
- 対象債務者が後述の調停条項案に関する債務整理の不成立についての書面を全ての対象債権者に発送した日

d）一時停止

一時停止とは、対象債権者全員の同意により決定される期間中、債権の回収、担保権の設定又は破産手続開始、再生手続開始、会社更生開始若しくは特別清算開始の申立てを行わないことをいう。

以下、ガイドラインにおける一時停止に関する事項を説明する。

（ア）一時停止の期間中においては、全ての対象債権者と対象債務者は、次の行為などを差し控えることが定められている。なお、前項の申出により一時停止が開始したことをもって、銀行取引約定書等において定める期限の利益喪失事由として扱わない。

i　対象債務者は、通常の生活又は事業過程によるもののほか、全ての対象債権者が同意した場合を除き、その資産を処分してはならず、新債務を負担してはならない。ただし、対象債権者は、合理的な理由なく不同意とすることはできない。

ii　対象債務者は、一部の対象債権者に対する弁済（代物弁済を含む。以下同じ。）や相殺など債務消滅に関する行為のほか、物的人的担保の供与などを行ってはならない。

iii　対象債権者は、一時停止が開始した日における「与信残高」を維持し、他の対象債権者との関係における対象債務者に対する相対的地位を改善してはならず、弁済を受け、相殺権を行使するなどの債務消滅に関する行為をなし、追加の物的人的担保の供与を求め、担保権を実行し、強制執行や仮差押え・仮処分や法的倒産手続開始の申立てをしてはならない。ただし、保証会社等による保証付貸付けの場合、対象債権者が当該保証会社から代位弁済を受けることは妨げられないが、この場合、当該保証会社等は、本項の規定を遵守する。

（イ）　一時停止の期間は、ガイドラインに基づく債務整理が終了した日までとする。

（ウ）　一時停止の期間中の追加融資は、全ての対象債権者の同意により定めた金額の範囲内で、その定めた方法により、必要に応じて行い、追加融資による債権は対象債権者が有する債権に優先して随時弁済される。

e）調停条項案の作成及び提出

調停条項案の作成及び提出の概要は、以下のとおりである。

（ア）　対象債務者は、その申出から3か月以内（ただし、事業から生ずる将来の収益による弁済により事業の再建・継続を図ろうとする個人事業主の調停条項案とする場合には4か月以内）に、調停条項案を作成の上、登録支援専門家を経由して、全ての対象債権者に提出する。ただし、対象債務者は、必要があるときは、全ての対象債権者に対して、調停条項案の提出期限の延長が必要である理由を明記して通知を行うことにより、調停条項案の提出期限を、3か月を超えない範囲内で延長することができる。

（イ）　調停条項案は、以下の内容を含むものでなければならないとされている。

i　対象債務者が非事業者（住宅ローン等の債務者）又は事業から生ずる将来の収益による弁済により事業の再建・継続を図ろうとする個人事業主である場合に該当しない個人事業主である場合

㋐　調停条項案については、以下の事項を含む内容を記載する（原則）。
- 債務の弁済ができなくなった理由（災害による影響の内容を含む。）
- 財産の状況（財産の評定は、対象債務者の自己申告による財産について、原則として、財産を処分するものとして行う。）
- 債務弁済計画（原則5年以内）
- 資産の換価・処分の方針
- 対象債権者に対して債務の減免、期限の猶予その他の権利変更を要請する場合はその内容

㋑　将来において継続的に又は反復して収入を得る見込みがある対象債務者が、対象債権者に対して、分割払いの方法による期限の猶予とともに債務の減免を要請する場合には、対象債権者に対する調停条項に基づく弁済の総額は、対象債務者の収入、資産等を考慮した生活実態等を踏まえた弁済能力により定めるものとし、また、破産手続による回収の見込みと同等以上の回収を得られる見込みがあるなど、対象債権者にとって経済的な合理性が期待できる内容としなければならない。

㋒　上記に該当しない対象債務者が対象債権者に対して債務の減免を要請する場合には、当該対象債務者が申出の時点において保有する全ての資産（破産法34条3項その他の法令により破産財団に属しないとされる財産（いわゆる「自由財産」）及び同条4項に基づく自由財産の拡張に係る裁判所の実務運用に従い、通常、自由財産とされる財産を除く。）を処分・換価して（処分・換価の代わりに、「公正な価額」に相当する額を弁済する場合を含む。）、当該処分・換価により得られた金銭

をもって、担保権者その他の優先権を有する債権者に対する優先弁済の後に、全ての対象債権者に対して、それぞれの債権の額の割合に応じて弁済を行い、その余の債務について免除を受ける内容とする（ただし、債権額20万円以上（ただし、この金額は、その変更後に対象債権者となる全ての債権者の合意により変更することができる。）の全ての債権者を対象債権者とする場合に限る。）。なお、将来において継続的に又は反復して収入を得る見込みのある対象債務者が同様の内容とすることは妨げられない。

ii　対象債務者が事業から生ずる将来の収益による弁済により事業の再建・継続を図ろうとする個人事業主である場合

・調停条項案については、定める各事項に加えて、対象債務者の自助努力が十分に反映され、かつ以下の内容を記載した事業計画を含めることが原則とされている。
  ・事業見通し（売上・原価・経費）
  ・収支計画
  ・災害発生以前においても、既に事業利益が赤字であったときは、赤字の原因とその解消の方策を記載するとともに、後述の特定調整申立てによる特定調停成立日の属する年の翌年からおおむね5年以内を目途に黒字に転換することを内容とするが、これを超える合理的な期間とすることを妨げないとされている。
・破産手続による回収の見込みと同等以上の回収を得られる見込みがあるなど、対象債権者にとって経済的な合理性が期待できることを内容とする。

（ウ）　対象債権者に対して債務の減免を要請する場合には、対象債務者が対象債権者に対して次のⅰ及びⅱに定める事項を約することを調停条項案の内容とする。

ⅰ　調停条項案作成日現在において、財産目録に記載の財産以外に、時価20万円以上の資産又は債権者一覧表にない負債を有していないことを誓約すること。

ⅱ　特定調停の申立てによる特定調停手続の中で確定した調停条項に従った弁済期間中に、対象となり得る債務者及び債権者に定める要件（ただし、ⅳ及びⅴを除く。）のいずれかを充足しないことが判明した場合又は同要件の誓約に反する事実が判明した場合は、債務者の責めに帰することができない事由が認められる場合を除き、債務免除や期限の猶予の合意にかかわらず、債務額全額を直ちに支払うことにあらかじめ同意すること。

（エ）　調停条項案における権利関係の調整は、債権者間で平等でなければならないが、債権者の間に差を設けても衡平を害しない場合は、この限りでないとされている。

（オ）　対象債務者の対象債権者に対する債務を主たる債務とする保証債務がある場合、主たる債務者が通常想定される範囲を超えた災害の影響により主たる債務を弁済できないことを踏まえて、以下の事情等を考慮して、保証履行を求めることが相当と認められる場合を除き、保証人（ただし、個人に限定。以下同じ。）に対する保証履行は求めないこととする。

・保証契約を締結するに至った経緯、主たる債務者と保証人の関係、保証による利益・利得を得たか否か等を考慮した保証人の

責任の度合い
・保証人の収入、資産、災害による影響の有無等を考慮した保証人の生活実態

なお、保証人に対して保証履行を求めることが相当と認められる場合には、当該保証人についても、主たる債務者とともに調停条項案を作成し、合理的な範囲で弁済の負担を定めるものとする。

（カ）　対象債務者は、登録支援専門家の支援を受けて、調停条項案の提出前に、対象債権者等との事前協議を行い、対象債権者から調停条項案への理解を得るよう努めるようにすることが求められている。

（キ）　対象債務者は、調停条項案の提出後、全ての対象債権者に対して、調停条項案の説明、質疑応答及び意見交換（以下「調停条項案の説明等」という。）を同日中に行う。調停条項案の説明等は書面の交付により行うことができ（ただし、対象債権者の同意がある場合に限る。）、債権者説明会を開催して行うことも妨げないとされている。また、対象債務者は、必要に応じて、登録支援専門家に調停条項案の説明等の支援を求めることができる。

（ク）　対象債権者は、（カ）の調停条項案の説明がなされた日から1か月以内に（ただし、必要があるときは、対象債務者及び全ての対象債権者の合意により、この期間を変更することができる。）、対象債務者及び登録支援専門家に対して、調停条項案に係る同意あるいは同意の見込みの旨又は不同意の旨を書面により回答し、登録支援専門家はその結果を取りまとめ、速やかに全対象債権者に通知することが求められている。

（ケ）　調停条項案に対して、(キ)に定める期間内に対象債権者の全ての同意又は同意の見込みが得られず、かつ調停条項案の変更など適宜の措置を協議しても合理的な期間内に同意又は同意の見込みが得られないときは、ガイドラインに基づく債務整理は不成立となる。この場合、対象債務者は、登録支援専門家を経由して、全ての対象債権者に対して債務整理の不成立について書面で通知する。

④　特定調停の申立て

特定調停とは、借金の返済が滞りつつある債務者の申立てにより、裁判所がその債務者と債権者との話し合い・協議を仲裁し、返済条件の軽減等の合意が成立するよう働きかけ、債務者が借金を整理して生活基盤を立て直せるよう支援する制度である。

a)　ガイドラインに基づく債務整理にあたっては、特定調停手続を利用することとし、全ての対象債権者からの同意あるいは同意の見込みを得た対象債務者は、簡易裁判所に対し、特定債務等の調整の促進のための特定調停に関する法律（平成 11 年法律第 158 号）3条1項に基づき特定債務等の調整に係る調停の申立てを行う。

b)　申立てによる特定調停手続が終了した場合、対象債務者は、裁判所から調停成立調書その他特定調停手続が終了したことを証する書面を入手し、登録支援専門家に対して、当該特定調停手続が終了したことを証する書面の写しを付して速やかにその結果を通知する。

4　損害保険の手続と支払事例

平成23年の「東日本大震災」以降、「平成30年大阪府北部を震源とする地震」、「平成30年北海道胆振東部地震」、「平成30年7月豪雨」、「平成30年台風第21号」、「平成30年台風第24号」、「令和元年台風第15号・第19号」など、各地で大規模な自然災害が発生した。

世界的にも気候変動を一因とする災害が問題とされている中、日本においても例外ではなく、今後も大きな災害の発生が予測される。

(1)　災害発生時の対応

大きな災害が発生した際には、1人ひとりが慌てずに適切な行動をすることが重要となる。大災害時には多数の火災や津波に襲われることで多くの死傷者が出ることが予想される。また、ライフラインが途絶するため、交通機関がストップし、数多くの帰宅困難者が発生することも想定される。

地震が発生した場合であれば、まずは身を守ることを考え、室内では倒れてくる家具などに注意し、机の下など身を守れる場所に避難をする必要がある。屋外ではガラスの破損、看板等が落ちてくる可能性やブロック塀の倒壊などが想定されるので、家屋の周辺からは遠ざかることが必要となる。地震による揺れがおさまった後は、窓や戸を開け出口を確保し、役場やラジオ等からの情報に注意した上で、原則徒歩で避難をする。避難所の場所・避難経路の確認、非常用具の購入・点検など、日ごろから事前準備・家族で確認をしておくことが重要となる。

事業所で災害が発生した場合は、従業員には組織的に統制された行動をとることが必要とされる。ただし、指示系統が混乱し、統制された行動がとれない場合においても、従業員が自動的に行動できるように事前に訓練しておくことが重要となる。

東京都の場合、他県から毎日多くの通勤・通学・買い物客が流入し、滞在しているため、災害により交通機能が停止した場合、大きな社会的混乱が予測され、特に徒歩での帰宅が困難となる帰宅困難者と呼ばれる人々が517万人発生すると予測されている。そこで、東京都では以下の「帰宅困難者心得10か条」を定め、日ごろから心がけておくことが重要であると周知を図っている。

【帰宅困難者心得10か条】

① あわてず騒がず、状況確認
② 携帯ラジオをポケットに
③ 作っておこう帰宅地図（東京都防災マップを見る）
④ ロッカー開けたらスニーカー（防災グッズ）
⑤ 机の中にチョコやキャラメル（簡易食料）
⑥ 事前に家族で話し合い（連絡手段、集合場所）
⑦ 安否確認、災害用伝言ダイヤル等や遠くの親戚（災害用伝言ダイヤル・災害用伝言板）
⑧ 歩いて帰る訓練を
⑨ 季節に応じた冷暖準備（携帯カイロやタオルなど）
⑩ 声を掛け合い、助け合おう

⑵ 地震保険

① 災害時における保険の役割

災害に対する防災・減災の観点からは、前述の「自助」のみならず、「共助」、「公助」の3つが適切に連携を図ることが重要となるが、保険・

共済については、このうちの「自助」として位置付けられている[64]。

②　加入方法

地震等による損害を補償する保険に加入するためには、「地震保険に関する法律」に基づき、政府が再保険者となり、損害保険会社と共同で運営している「地震保険」を契約する必要がある。

地震保険は火災保険（火災に係る共済契約も含む。）に附帯して加入することが定められており、地震保険単体で加入することはできない。仮に、現在、地震保険に加入していない場合は、火災保険の保険期間の途中で地震保険に加入することが可能である。

火災保険だけでは地震等による損害を補償できないため、地震等による損害を抑えるためにも地震保険への加入の有無について確認をする必要がある。なお、地震保険については、保険会社間において補償内容・保険料の差異は発生しない。

③　保険対象

地震保険は「地震等による被災者の生活の安定に寄与することを目的」[65]としているため、居住用建物（住居のみに使用される建物及び併用住宅）と居住する建物に収容されている家財（生活用動産）が補償の対象となる。店舗・事務所・工場やその中に収容されている機械、設備・什器、商品、通貨、貴金属、設計書などは保険の対象とすることができない。

64　保険・共済には、多数の加入者でリスクを分散し支えあうという「共助」の側面もあるが、各加入者に着目すれば、任意に加入し自らリスクに備えるという点では「自助」と整理できる（出典：内閣府防災担当「保険・共済による災害への備えの促進に関する検討会 報告」（平成29年3月））。

65　地震保険に関する法律1条

④　保険金額

地震保険の保険金額の設定は、附帯されている火災保険等の保険金額に対して30％から50％の範囲となり、一般的には、火災保険の保険金額の50％を地震保険の金額として設定しているケースが多い。ただし、建物、家財に対する保険金額は、それぞれ、5,000万円、1,000万円が上限となる。

また、1回の地震等において加入者に対して支払われる保険金の総額には、あらかじめ限度額が定められており、現在では11兆7,000億円が総支払限度額として設定されている。

⑤　保険料

地震保険の加入者が支払うべき保険料は建物の所在地と建物の構造によって異なる。また、地震保険には保険料の割引制度があり、所定の資料を提出することで「免震建築物割引」、「耐震等級割引」、「建築年割引」など10％から最大50％までの割引が適用される。

⑥　支払事例

地震等により損害が発生した場合、保険会社より保険金額が支払われる。実際の支払事例は、下記のとおりである。

【地震保険における具体的な支払】

a）地震の振動による倒壊、破損
b）地震によって生じた火災による焼損
c）噴火に伴う溶岩流、噴石、火山灰や爆風によって生じた倒壊、埋没等

(3) 地震補償特約

①　地震補償特約の必要性

地震保険では、前述したとおり、企業の事務所や店舗又はそれらに収容されている設備・什器、商品等は補償の対象外であるため、これらを補償の対象とするためには、企業の加入している火災保険の特約として地震特約に加入する必要がある。

地震補償特約は、損害保険会社において一般的に販売している商品ではないため、加入には保険会社ごとに一定の制限が設けられているケースが多い。

企業における地震リスクとしては、大規模地震により建物が倒壊した場合、営業を停止せざるを得なくなることに起因する売上の減少や資金繰りの悪化が想定される。特に資金繰りの悪化については、想定外の復旧費用の捻出、従業員の給与支払、借入金の返済、売掛金の不良債権化など様々な事態が想定され、企業の事業継続に大きな影響を及ぼす。

東日本大震災の被害状況を中小企業庁がまとめた資料によると、沿岸部だけでなく、内陸部でも多くの企業が甚大な被害を受けており、そのことからも一定のリスクヘッジが必要である。

■青森県、岩手県、宮城県、福島県の商工会が把握している会員企業の被災状況

	会員企業数（社）	把握できた企業数（社）	会員企業の被災状況 被災企業数（社） 把握できた企業に占める割合（%）					
			建屋・家屋全壊	建屋・家屋半壊	建屋・家屋一部損壊	機器・設備等 被害	間接被害	被害なし
沿岸部	18,560	6,142	3,344 (54.4%)	783 (12.7%)	1,763 (28.7%)	175 (2.8%)	77 (1.3%)	0 (0.0%)
内陸部	48,596	7,566	191 (2.5%)	205 (2.7%)	6,256 (82.7%)	468 (6.2%)	446 (5.9%)	0 (0.0%)
合計	67,156	13,708	3,535	988	8,019	643	523	0

（出典：中小企業庁「中小企業白書2011年版」）

保険を活用することで、平常時においても一定の費用（保険料）は発生するものの、保険料の支払はその性質上、支出金額の予算化、平準化が可能であるため、企業の経営において一定のメリットを享受することが可能である。

なお、地震保険とは異なり、企業の地震補償特約の加入には、保険会社ごとに一定の制限が設けられていることから、各保険会社間で保険料に差異が生じる。

② 加入方法

地震補償特約では、支払限度額を設定する加入方法と縮小支払をする加入方法の2種類が存在する。

支払限度額方式は契約時に定めた限度額を上限とした保険金額が支払われ、縮小支払は損害額に契約時に定めた縮小支払割合を乗じた保険金額が支払われる。

そのため、一概に比較できない部分はあるものの、支払限度額方式で加入した方が地震等による損害が発生した場合に高い保険金額が支払われるケースが多い。

③　地震デリバティブ

地震リスクに対応する商品としては、地震保険ではなく地震デリバティブという商品も存在する。地震デリバティブは、地震の発生に定められた条件の地震（震度6以上など）が発生した場合に事前に約定された受取金が支払われる内容となっており、直接的な建物の損壊をトリガーとしていないため、地震による逸失利益や費用損害への補償に有効である。

⑷　火災保険に付帯されている地震関連の保険金

家庭向け、企業向けを問わず、ほとんどの火災保険には地震火災費用保険金が付帯されており、地震等を原因とする火災が起こった際には保険金額が支払われるケースがあるため、地震保険に加入していなかった場合であっても保険金を受け取れる可能性がある。

一般的には火災保険の保険金額の5%（上限あり。）が支払の対象となるが、最近の保険では地震火災費用保険金の対象を火災保険の保険金額の5%から30%や50%に引き上げる特約も出てきており、先に述べた地震保険と合わせて地震等が原因で火災にあった場合、100%補償ができる特約も販売されている。

また、地震保険に上乗せできる特約や少額短期保険でも地震による損害を補償できる保険が販売されているが、保険会社によって補償内容が異なるため、加入に際しては注意が必要である。

⑸ 保険金の支払の流れ

① 概　要

東日本大震災においては、損保業界では航空写真と衛星写真を活用して、津波により甚大な被害が生じた地域に対し、地域全体を全損として一括認定（全損地域一括認定）を行った。保険会社の枠組みを超えて共同調査という、柔軟な対応をした結果、損害保険業界として、震災後約3か月間で約50万件、約1兆円を超える保険金を被災者に対して支払をしている。

最近では、自然災害発生時に迅速な対応を行うためや人が立ち入りがたい場所でも損害調査ができるよう、ドローンを活用した調査や人工知能（AI）による分析を行っている損害保険会社も複数出てきている。

② 支払の流れ

実際に自然災害が起こった際には、一般的に以下の流れで手続を行う。

【支払手続の流れ】

a）加入する損害保険会社又は代理店へ事故を報告
b）事故原因や損害内容の確認及び保険金請求書類（郵送）
c）保険金請求書類作成
d）加入する損害保険会社へ書類提出
e）損害保険会社による建物損害調査を実施（立ち合いの場合や写真のみの場合もある）
f）支払われる保険金の説明
g）損害額の確定

h)　保険金の支払

大規模な自然災害の場合、損害保険会社は多くの人員を割き、実地調査や保険金支払実務を行っている。大規模な災害では、被災直後という困難さがあるが、保険会社へ保険金を請求する際には、実際の被害状況を写真でおさめておくことが重要となる。

⑹　地震保険における損害の判定

地震保険においては、原則的に実損で支払を行う火災保険とは支払方法が異なり、損害の程度により支払われる保険金額が規定されている。

損害の程度は、保険始期により異なり、平成29年1月以降の保険始期の場合、「全損」、「大半損」、「小半損」、「一部損」の4区分、平成28年12月31日以前の保険始期の場合、「全損」、「半損」、「一部損」の3区分となる。

実際に支払われる保険金額については、下記のとおりである。

①　建　物

a)　平成29年1月以降の保険始期の場合

損害の程度	支払われる金額	建物の主要構造部の被害額	焼失・流出床面積
全損	保険金額の100%	建物時価の50%以上	建物の延床面積の70%以上

大半損	保険金額の 60%	建物時価の 40%以上 50%未満	建物の延床面積の 50%以上70%未満
小半損	保険金額の 30%	建物時価の 20%以上 40%未満	建物の延床面積の 20%以上50%未満
一部損	保険金額の 5%	建物時価の 3%以上20% 未満	建物が床上浸水又は地盤面から45cmを超える浸水を受け損害が生じた場合で、全損・半損に至らないとき

b）　平成28年12月以前の保険始期の場合

損害の程度	支払われる 金額	建物の 主要構造部の 被害額	焼失・流出床面積
全損	保険金額の 100%	建物時価の 50%以上	建物の延床面積の70%以上
半損	保険金額の 50%	建物時価の 20%以上 50%未満	建物の延床面積の 20%以上70%未満
一部損	保険金額の 5%	建物時価の 3%以上 20%未満	建物が床上浸水又は地盤面から45cmを超える浸水を受け損害が生じた場合で、全損・半損に至らないとき

②　家　財

a)　平成29年1月以降の保険始期の場合

損害の程度	支払われる金額	家財の被害額
全損	保険金額の100%	家財の被害額が家財の時価額の80%以上
大半損	保険金額の60%	家財の被害額が家財の時価額の60%以上80%未満
小半損	保険金額の30%	家財の被害額が家財の時価額の30%以上60%未満
一部損	保険金額の5%	家財の被害額が家財の時価額の10%以上30%未満

b)　平成28年12月31日以前の保険始期の場合

損害の程度	支払われる金額	家財の被害額
全損	保険金額の100%	家財の被害額が家財の時価額の80%以上
半損	保険金額の50%	家財の被害額が家財の時価額の30%以上80%未満
一部損	保険金額の5%	家財の被害額が家財の時価額の10%以上30%未満

なお、地震保険に加入していたとしても、地震等が発生した日の翌日から起算して10日を経過した後に生じた損害や、保険の対象の紛失・盗難の場合など、補償の対象とならないケースが存在する。

損保業界においては、大規模災害時（災害救助法適用時）には、保険証券が消滅してしまい、損害保険の加入先が不明となる場合等を想定し、契約内容を照会できる体制を整えている。

また、大規模自然災害時に限らないが、住宅の修理に便乗した悪徳商法や被害支援を装った詐欺まがいの勧誘が散見される。具体的には、市役所や警察、損害保険会社の者と称し、電話で損害状況を聴取した上で、「市役所（保険会社）の依頼で無料調査をしている」、「調査費用が掛かるが、保険金が確実に支払われる」などと述べた上で、実際に被災者を訪問して調査費用を要求してくるようなケースに対しては、注意が必要である。

5　被災企業に関する補助金、助成金

(1)　中小企業等グループ施設等復旧整備補助事業（グループ補助金）

グループ補助金とは、平成23年の東日本大震災を受けて導入された制度である。被災地域の中小企業等のグループが復興事業計画を作成し、地域経済・雇用に重要な役割を果たすものとして県から認定を受けた場合に、施設・設備の復旧・整備について補助を行う。地縁や取引のある事業者が連携することで、相乗効果を出すのがグループ補助金の目的である。大規模災害で一定地域内の企業が同時に被災し、地方産業が深刻な打撃を受ける懸念がある場合に適用される。東日本大震災のほか、平成28年の熊本地震や平成30年の西日本豪雨でも活用された。

①　東日本大震災（平成23年3月11日）

東日本大震災は、地球を包むプレート（岩盤）の境界域で起こる海溝型地震が短時間に連続して起こった地震であり、先に起こった阪神・淡路大震災（平成7年）や新潟県中越地震（平成16年）の内陸型とは異なり、太平洋（三陸沖）の海底を震源として発生したため、津波による被害が甚大なものになった。日本史上最悪の大震災ともなり震源地は東北の三陸沖だったのにもかかわらず、首都圏でも最大震度6強の強い揺れを観測し、広い範囲にわたり液状化現象や津波が発生した。また、複数の発電所の運転停止にともない、東京電力の電力供給能力が低下し、計画停電が実施された。そのため、企業の生産活動にも大きな影響を与え、被害額は 17兆円にも上った[66]。

66　一般社団法人 熊本県中小企業診断士協会「熊本地震 ～その時、その後どうし

東日本大震災によって被害を受けた中小企業者の復旧・復興に向け、政府は平成23年度補正予算、平成24年度予算等を通じて数多くの支援策を講じている 。その内容は、平成7年の阪神・淡路大震災の際に講じられた一連の中小企業支援策を踏襲しながらも、必要に応じて、施策を追加・拡充したものになっている（170頁、171頁の表参照[67]）。

■震度7を記録した地震の比較

	直下型地震			海溝型地震
	熊本地震	阪神・淡路大震災（兵庫県南部地震）	新潟県中越地震	東日本大震災（東北地方太平洋沖地震）
地震の発生日・時刻	前震：平成28年4月14日21時26分 本震：平成28年4月16日1時25分	平成7年1月17日5時46分	平成16年10月23日17時56分	平成23年3月11日14時46分
激甚災害指定政令の公布日	平成28年4月26日	平成7年1月25日	平成16年12月1日	平成23年3月13日
地震規模（マグニチュード）	6.5（前震） 7.3（本震）	7.3	6.8	9.0
震源の深さ	11km（前震） 12km（本震）	16km	13km	24km
余震の回数	228回（熊本地方のみ、前震以降の回数）	100回程度	220回程度	3,039回

た～」～災害時における自助・共助・公助の実態～

67　「東日本大震災後の中小企業支援と今後の課題」立法と調査 2012年7月より

人的被害	死者　69人 負傷者 1,673人 （分類未確定58人を除く）	死者　6,434人 行方不明者3人 負傷者43,792人	死者　68人 負傷者 4,805人	死者　19,418人 行方不明者　2,592人 負傷者 6,220人
住家被害	全壊　2,876棟 半壊　5,617棟 一部破損　35,279棟 分類未確定　45,365棟	全壊 104,906棟 半壊 144,274棟 一部破損　390,506棟	全壊　3,175棟 半壊　13,810棟 一部破損　105,682棟	全壊 121,809棟 半壊 278,496棟 一部破損　744,190棟 家屋浸水　13,585棟
非住家被害	公共建物　247棟 その他　531棟	公共建物　1,579棟 その他　40,917棟	公共建物・その他　41,738棟	公共建物　14,322棟 その他　88,883棟

（出典：国立国会図書館　平成28年（2016年）熊本地震の概況調査と情報－ISSUE BRIEF－NUMBER910（2016.5.26））

■事業用施設の復旧・整備

名称		
中小企業等グループ施設等復旧整備補助事業（グループ補助金）	地域経済の核となる中小企業等グループが作成した復興事業計画（県が認定）に基づき、その計画に必要な施設等の復旧・整備等を行う場合に、最大で国がその費用の1/2、県が1/4を補助	23Ⅰ　154億円 23Ⅱ　100億円 23予　1.249億円 24　500億円
仮設工場・仮設店舗等整備事業	市町村の要請に基づき、中小機構が、市町村が用意した土地に、仮設の店舗・事務所・工場等を整備して市町村に無償で貸与した上で、事業者に対し無償で貸与	23Ⅰ　10億円 23Ⅱ　215億円 23Ⅲ　48.7億円 24　50億円
被災中小企業施設・設備整備支援事業	中小機構の高度化貸付スキームを活用し、被災中小企業の早期復興のための施設の復旧・整備に係る資金を無利子貸付	23Ⅲ　400億円 24　100億円　等

（出典：中小企業庁資料等を基に作成）
（注）予算措置のローマ数字（Ⅰ・Ⅱ・Ⅲ）は1次・2次・3次補正、予は予備費を示す。

本制度は第1次募集から予算枠を大きく上回る申請があったため、予備費の活用によって予算枠が拡充された。その結果、平成23年度は第4次募集まで行われ、6県において累計198グループ、2,202億円（うち国費1,468億円）の補助金交付が決定された。さらに、平成24年度予算においても拡充され、第6次募集が実施された（次頁の表参照）。

■グループ補助金の申請・採択実績

	1次 （2011. 8. 5採択）	2次 （2011. 11. 8採択）	3次 （2011. 12. 17採択）	4次 （2012. 3. 21採択）	5次 （2012. 6予定）	合計
申請実績	275 グループ	298 グループ	313 グループ	93 グループ	350 グループ	
	1,852億円	1,588億円	3,022億円	346億円	2,249億円	
採択実績	28 グループ	38 グループ	106 グループ	32 グループ		198 グループ
	179億円 （119億円）	234億円 （156億円）	1,651億円 （1,101億円）	138億円 （92億円）		2,202億円 （1,468億円）
<都道府県別>						
青森	6グループ		4グループ		募集なし	10 グループ
	37億円 （24億円）		49億円 （33億円）			86億円 （57億円）
岩手	8グループ	3グループ	19 グループ			30 グループ
	77億円 （51億円）	49億円 （33億円）	311億円 （207億円）			437億円 （291億円）
宮城	14 グループ	16 グループ	31 グループ	4グループ		65 グループ
	65億円 （43億円）	58億円 （38億円）	1,041億円 （694億円）	32億円 （21億円）		1,196億円 （797億円）
福島		15 グループ	43 グループ	28 グループ		80 グループ
		103億円 （69億円）	180億円 （120億円）	106億円 （70億円）		389億円 （259億円）
茨城		4グループ	8グループ			12 グループ
		24億円 （16億円）	57億円 （38億円）			81億円 （54億円）
千葉			1グループ			1グループ
			14億円 （9億円）			14億円 （9億円）

（出典：中小企業庁資料等を基に作成）

（注）1.括弧内の数値は、補助金総額のうち国費を示す。
2.申請実績は1次から5次まで累次申請された重複分があるので、合計は算出できない。
3.福島県は採択されたグループの重複があるため、1次から4次まで足し合わせた数と合計が一致しない。

以上のほか、中小機構が被災地に設置した支援拠点を中心とした専門家の派遣や、風評被害対策として、輸出品に対する放射線量の検査料についての補助等を行うなど、数多くの支援策がこれまでに講じられてきた。また、雇用面では雇用調整助成金や失業給付などの制度において、申請要件の緩和といった特例措置が講じられ、震災後に事業が休止している企業の雇用者への負担の軽減が行われている。

②　熊本地震（平成28年4月14日、4月16日）

平成28年4月14日21時26分に熊本県熊本地方を震源とするマグニチュード6.5、最大震度7の地震が発生し（前震）、その後、4月16日1時25分に同地域を震源とするマグニチュード7.3、最大震度7の地震が発生（本震）した。2度の震度7に加え、熊本県及び大分県を中心として、3日間で震度6を5回記録したほか、過去の直下型地震と比較しても長期にわたって規模の大きな余震が頻発したことが特徴であり、発生から5日間での有感地震は2,000回に達した。

人的被害、建物倒壊のほか、庁舎の被災等により、行政機能の継続に支障を来す自治体が複数発生したことも特徴である。熊本地震による熊本県・大分県の被害額は最大約4.6兆円と推計されている[68]。

国、県等の行政においては、平成28年4月14日の前震直後から特別相談窓口の設置や、金融支援などの支援策が先行して発表されたが、同年4月25日には「激甚災害に対処するための特別の財政援助等に関する法律」に基づき激甚災害として指定され、5月31日には復旧・復

68　内閣府「熊本地震」

興に向けた経済産業省関連の予備費が決定された。その後、6月20 日から、熊本地震復旧等予備費予算グループ補助金の公募が開始されることとなった。

東日本大震災の経験を生かし、約20枚必要だった申請書類を7枚に簡素化し、中小企業・小規模事業者が主な対象だったが、熊本県は医療法人も加えて支援の領域を広げた。グループは「地域の基幹産業集積」、「観光サービス集積」などの分類もあり、「元気・にぎわいを取り戻す」、「みそ・しょうゆ醸造産業の復興事業を行う」といった、支援の必要性を訴える申請が寄せられた。実際にお金が支給されるまでに時間が掛かるものの、復旧費用の多くを助成してもらえることで、精神的ダメージが大きいなか、再度がんばろうという住民の気持ちを後押ししたといわれている。

③　グループ補助金を活用するために

住民には、「グループ補助金は非常に有効な支援策」と評価する見方が多い。熊本地震の後、平成30年の西日本豪雨の被災者、令和元年の台風第19号の被災者にも導入されている。支援の手厚さから、申請はおのずから多くなりがちであるが、交付の要件を満たすことができずに申請を断念する事業者も多い。

例えば、東日本大震災による被害により休廃業率が64％に達する岩手県の陸前高田商工会によると、津波による被害が大きく、現在残っている事業所が少ないためグループさえ組むことができないとの声がある。また、宮城県商工会連合会によると、補助金を受け取るための認定を受けたものの、自己資金を調達することができず、辞退した商工業者もあるという。

しかし、事前に制度を熟知しておけば、申請を断念せず手厚い支援を受けることが可能となるケースも少なくない。制度の概要については後述するが、申請に必要な資料や適用要件を逃さぬよう注意しなければならない。

a）被害状況を証明する資料（廃棄証明書等）を残す。
b）補助金の申請前に支出した経費の領収書は保存しておく。
c）可能であれば被害状況を写真、動画に残す。
d）ホームページや自治体の掲示板、テレビ、有線放送などをこまめに確認する。
e）補助金の申請期日を逃さないように注意する。

これらの被災地は、この制度がなければ立ち直れなかったが、制度の問題点も指摘され、今後の制度改良が期待されている。東北では補助金を受けながら、過大投資などが響いて経営破綻した企業も出始めている。復興需要のある熊本県は人手不足が深刻で、様々な分野で工事が遅れているため、「補助金は工事が完了しないと得られないが、いつ終わるかメドがたたない」と困惑している企業もある。また、簡素化されたといっても、「書類の不備を指摘されてなかなか審査が進まない」といった不満もある。その間に人件費や資材費も高騰して工事費がかさんでしまうというおそれもある。

運用を誤れば不適切な助成が増えかねないため、手厚い補助をどこまで広げるかが今後の行政の課題となりそうだ。適用要件に合致し、適切に支援を受けることができるよう、災害が起こった際にも落ち着いて手順をふめるように早めに準備をしておくことが得策である。加えて、補助金では対応できない点についても検討し、備えることが万が一の際に役立つことはいうまでもない。

④　令和元年台風第19号グループ補助金の概要[69]

令和元年の台風第19号で被災した中小企業等の施設・設備の復旧・整備を補助する「中小企業等グループ施設等復旧整備補助事業（グループ補助金)」について、宮城県、福島県、栃木県は11月29日より復興事業計画及び交付申請の公募を開始し、長野県が12月18日より公募を開始した。

■令和元年台風第19号グループ補助金の概要

対象者	令和元年台風第19号により被害を受けた中小企業等
補助率	中小企業・小規模事業者：3/4（国1/2、県1/4） 中堅企業等：1/2（国1/3、県1/6）
補助上限額	1事業者あたり15億円
補助対象費目	施設・設備の復旧費用（※）
補助事業の流れ	補助金の交付を受けるためには、グループで復興事業計画を策定し、県の認定を受け、グループを構成する各者ごとに補助金申請を行う必要がある。（グループ認定申請と補助金交付申請を同時に行うことが可能）

（※）中小企業者等の施設・設備の復旧整備を支援するため、復旧経費の一部を補助するものであるため、原状回復（被災前の状態に戻す）に要する費用に対する助成を基本とし、その対象経費は修繕費（修理費）を原則としている。

69　長野県ホームページより

a）認定の流れ

この補助金の交付を受けるためには、まず、2者以上の中小企業等によるグループを作り、そのグループが共同して行う事業（共同事業）を盛り込んだ「復興事業計画」を策定する。

次に、その策定した「復興事業計画」について、グループの代表者が県に対して認定申請を行い、その認定（以下「グループ認定」という。）を受ける。

県による「復興事業計画」の認定が行われた後、グループの構成員はグループ認定を受けたそれぞれの施設・設備の復旧に係る補助金の交付申請を個々に行う。なお、今回の災害から、グループ認定が受けられることを前提に、グループ認定申請と補助金交付申請を同時に行うことも可能となった（図参照）。

■グループ認定の流れ

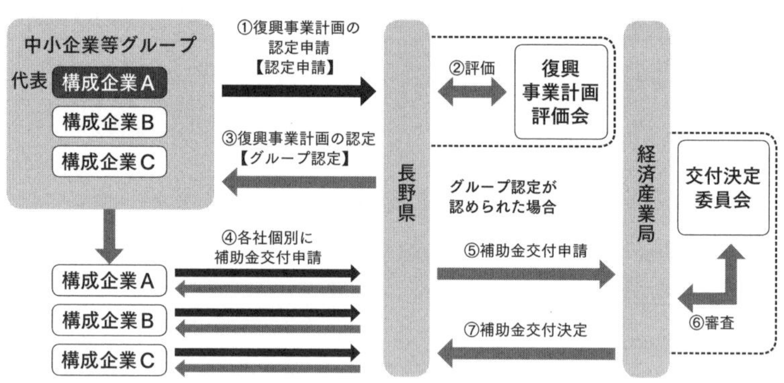

（出典：長野県ホームページ）

■グループ認定と補助金交付の同時申請

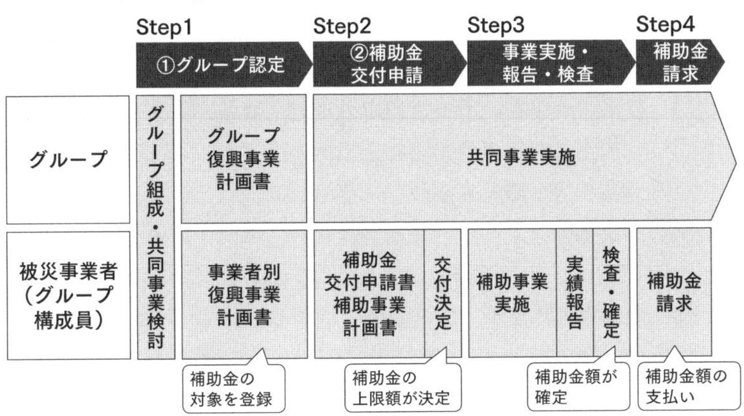

（出典：長野県ホームページ）

b）グループとは

2者以上の中小企業者等から構成されるものをグループとする。グループの構成員は、補助金交付を受けない者、県外の者、異業種の事業者が参加することも構わない。ただし、代表取締役が同一の場合、これらの法人は同一企業とみなされるため、これらの法人のみでは、グループとして認められない。また、同一資本の事業者（100％子会社、資本金・出資金の2分の1以上を有する企業群）については、実質的に同一企業とみなされるので、これらの事業者のみでは、グループとして認められない。中小企業等グループは、以下の（ア）～（オ）のいずれかの機能を有する必要がある。

（ア）　サプライチェーン型：グループ外の企業や他地域の産業にとって重要な役割を果たし、サプライチェーンを支えているグループ

（イ）　経済・雇用貢献型：事業規模や雇用規模が大きく、県内の経済・雇用への貢献度が高い企業グループ

（ウ）　地域生活・産業基盤型：一定の地域内において、経済的・社会的に基幹となり、当該地域における復興・雇用維持に不可欠なグループ

（エ）　地域資源産業型：地域資源を活用し、グループ外の企業や他地域産業、観光地形成等への貢献度が高い企業グループ

（オ）　商店街型：地域住民の生活等に不可欠な商業機能等機能を担っているグループ

c）補助対象事業者の要件

（ア）　中小企業者

i　会社及び個人

<table>
<tr><th colspan="2">業　種</th><th>従業員規模・
資本金規模</th></tr>
<tr><td rowspan="2">製造業・
その他業種</td><td></td><td>300人以下又は
3億円以下</td></tr>
<tr><td>ゴム製品製造業（自動車又は航空機用タイヤ及びチューブ製造業並びに工業用ベルト製造業を除く）</td><td>900人以下又は
3億円以下</td></tr>
<tr><td colspan="2">卸売業</td><td>100人以下又は
1億円以下</td></tr>
<tr><td colspan="2">小売業</td><td>50人以下又は
5,000万円以下</td></tr>
<tr><td rowspan="3">サービス業</td><td></td><td>100人以下又は
5,000万円以下</td></tr>
<tr><td>ソフトウェア業又は情報処理サービス業</td><td>300人以下又は
3億円以下</td></tr>
<tr><td>旅館業</td><td>200人以下又は
5,000万円以下</td></tr>
</table>

ii　中小企業団体（事業協同組合、事業協同小組合、信用協同組合、協同組合連合会、企業組合、協業組合、商工組合、商工組合連合会）

（イ）　中堅企業及びみなし中堅企業等

中堅企業：中小企業以外の事業者で、資本金又は出資金が10億円未満の事業者みなし中堅企業等：(1) 発行済み株式の総数又は出資価額の総額の2分の1以上を同一の大企業（中堅企業）が所有している中小企業者

(2) 発行済み株式の総数又は出資価額の総額の3分の2以上を複数の大企業（中堅企業）が所有している中小企業者

(3) 大企業（中堅企業）の役員又は職員を兼ねている者が、役員総数の2分の1以上を占める中小企業者

（ウ）（ア）、（イ）が事業活動を行う上で必要な施設・設備を貸付している全ての事業者

d）補助対象経費

令和元年台風第19号のグループ補助金は、台風第19号で損傷し、継続使用が困難となった施設・設備の復旧に要する経費で、復興事業計画に基づく事業を行うために必要不可欠な次の施設・設備が対象となる。

区分		内容
施設		事務所、倉庫、生産施設、加工施設、販売施設、検査 施設、共同作業場、原材料置場、その他当該補助事業の目的の範囲内で復興事業計画の実施に不可欠と認められる施設 ※修繕が可能な場合は、原則修繕となる。建替・移転には、原則、全壊又は大規模半壊判定の罹災証明書が必要
設備		復興事業に係る事業の用に供する設備であって、中小企業等グループ又はその構成員の資産として計上するもの ※修繕が可能な場合は、原則修繕となる。入替の場合は、入替設備が同等品であることの確認書等が必要
新分野事業のみ	宿舎整備のための事業	宿舎及び備え付けの設備に係る費用（既存の宿舎等を復旧する場合に対象となるものではない）
商店街型のみ	商業機能の普及促進のための事業	共同店舗の設置費、共同店舗及び街区の再配置に付随して行うコミュニティスペース、駐車場、アーケード、街路灯、防犯カメラ、路面舗装の整備費

e）施設の修繕ではなく、施設の建替は補助対象となるか

市町村が発行する「罹災証明」、又は、罹災証明の添付ができない場合等に提出する建築士による証明「建物被災状況報告書（長野県ホームページに掲載）」において、『全壊』又は『大規模半壊』と判定された場合には、修繕ではなく建替を補助対象事業とすることができる。

また、見積比較により、修繕に要する費用よりも建替に要する費用が安価な場合には、「修繕費用よりも建替費用が安価となる合理的な理

由を建築士等が説明した書類（任意様式）」の提出の上、建替を補助対象事業とすることができる。この場合、建替費用に補助率を乗じた金額が補助金額となる。

なお、修繕よりも建替えが安価との理由で建替えを行う場合であっても、建替え後の施設の面積が被災前の施設の面積よりも増加している場合は、その増加分は補助対象とならない。

⑵　令和元年度「被災小規模事業者再建事業費補助金」（持続化補助金台風19号型）[70]

十分な資金力のある大手の企業等は、1階部分に駐車場スペースのある店舗を構えたり、万全の災害対策が施されたショッピングモールへの出店等を行う事も可能だが、個人の飲食業や小売業、サービス業などは集客を見込みやすい商業地域の路面に店舗を構えることが多いため、災害時には浸水被害も起きやすい傾向にある。また、商店街などは道路や鉄道を敷きやすい盆地で発展している事が多いため、雨量が下水道の限界を超えてしまった場合には下水の逆流なども起こり、飲食店や食料品を扱う店舗などでは絶望的な衛生面への被害が発生する場合もある。

令和元年台風第19号では暴風によって商店街のアーケード等が倒壊しているケースなどもあり、事業再建の目途が立たず休業・廃業に追い込まれている小規模事業者の負担は甚大である。

この補助金は、台風第19号、第20号及び第21号の暴風雨による激甚災害の被災区域（岩手県、宮城県、福島県、茨城県、栃木県、群馬県、埼玉県、千葉県、東京都、神奈川県、新潟県、山梨県、長野県、静岡

70　令和元年度被災小規模事業者再建事業「持続化補助金台風19号型」【公募要領】より

県）（以下「被災地域」という。）において、生産設備や販売拠点の流出・損壊や、顧客や販路の喪失という状況に直面した小規模事業者の事業再建を支援することを目的とする。

被災小規模事業者再建事業は、通常の小規模事業者持続化補助金よりも補助額が大きく、事業の継続のために移転を行う場合の賃料や、被災した飲食店等が移動販売を行うために購入する車両費にも活用する事ができる。実質的には災害からの復旧を目的に実施されているが、災害支援を速やかに行うために既存制度（持続化補助金）の仕組みを利用しているため、申請を行うためには通常の持続化補助金と同様に「販路開拓などの取組等」を含む計画の策定が必要となる。

商工会・商工会議所の助言を受けながら災害からの事業の再建に向けた計画を作成し、作成した計画に基づいて行う事業再建の取組に要する経費の一部を補助する制度である。

①　補助対象者

上記「被災地域」に所在する、令和元年台風第19号の被害を受けた小規模事業者。被害の証明については、それを証する公的証明の添付（コピーでも可）が必要。

a）小規模事業者：商工業者（会社（企業組合・協業組合を含む。）及び個人事業主）であり、常時使用する従業員の数が20人以下（商業・サービス業（宿泊業・娯楽業を除く）に属する事業を主たる事業として営む者については5人以下）の事業者であること。

b）「令和元年台風第19号」による被害を証する行政機関発行の公的証明

・自社の事業用資産に損壊等の被害……罹災証明書等（在庫や

棚卸資産の損害は「事業用資産の損壊等」に該当しない。)。

・売上げ減の被害……セーフティネット保証4号の認定書、地方自治体が独自に発行した証明書等

②　補助対象事業

a）「計画」に基づいて実施する事業再建のための取組であること。

b）商工会・商工会議所の支援を受けながら取り組む事業であること。

③　補助率

補助対象経費の3分の2以内（宮城県、福島県において一定の要件を満たす場合は定額）

④　補助上限額

a）宮城県、福島県、栃木県、長野県の事業者 200万円

b）岩手県、茨城県、群馬県、埼玉県、千葉県、東京都、神奈川県、新潟県、山梨県、静岡県の事業者 100万円

ただし、対象者の要件を満たす複数の小規模事業者が連携して取り組む共同事業の場合の補助上限額は、以下のとおりである。

(200万円×①の小規模事業者数)＋(100万円×②の小規模事業者数)
(ただし、最高1,000万円まで（①の小規模事業者を1者以上含む場合は2,000万円まで))

⑤　補助対象経費

a）機械装置等費、b）広報費、c）展示会等出展費、d）旅費、e）開発費、f）資料購入費、g）雑役務費、h）借料、i）専門家

謝金、ｊ）専門家旅費、ｋ）車両購入費、ｌ）設備処分費、ｍ）委託費、ｎ）外注費

今回の公募では、特例として、公募時に定める交付決定前の日以降に発生した経費を遡って補助対象経費として認める。

⑶　浸水建物排水処理費補助金（埼玉県ふじみ野市）[71]

国の補助金制度のみではなく、自治体独自で運用している補助金制度もある。補助金額は少額である場合も多いが、災害後に落ち着いて正しい手順により補助金を受けることができるよう、各自治体のホームページをこまめに確認することを忘れてはならない。

この補助金は、令和元年台風第19号による浸水被害にあった住宅等の基礎部分が「べた基礎」など、自然排水が困難な建物について、床下に溜まった水の排水作業に要した費用の一部を補助する。補助金額は、排水作業に要した費用の2分の1（円未満切り捨て）の額とし、3万円を上限とする。（業者に依頼して行ったもののほか、資機材の購入費も含む。）。

次の要件を全て満たす住宅等が対象となる。

- 水害により、床上浸水又は床下浸水の被害にあった住宅等であること。
- 住宅等の基礎部がべた基礎のほか、自然排水が困難な構造の建物であり、床下に溜まった水の排水作業を行っていること。

71　ふじみ野市ホームページより

⑷　その他の助成金

①　雇用調整助成金の特例[72]

雇用調整助成金とは、経済上の理由により事業活動の縮小を余儀なくされた事業主が、一時的に休業、教育訓練又は出向を行い労働者の雇用の維持を図った場合に、休業手当、賃金等の一部を助成するものである。

令和元年台風第15号及び第19号に伴う「経済上の理由」により休業等を行う事業主に対し、下記のとおり特例が実施されている。東日本大震災、熊本地震、平成30年7月豪雨の際にも特例が実施されており、今後も大規模な災害が発生した場合には実施されると考えられる。

a）休業を実施した場合の助成率の引上げ

休業（教育訓練、出向は除く）を実施した場合の助成率を、中小企業の場合は3分の2から5分の4へ、大企業の場合は2分の1から3分の2へ引き上げる。

b）支給限度日数の引上げ

休業等に係る1年間の支給限度日数を、「100日」から「300日」へ引き上げる。

c）雇用保険被保険者期間が6か月未満の労働者を助成対象とする。

新規学卒採用者等、雇用保険被保険者として継続して雇用されている期間が6か月未満の労働者についても助成対象とする。

d）過去に受給していた事業主に対する受給制限の廃止

過去に雇用調整助成金を受給したことがある事業主であっても、以下のとおりの取扱いとする。

・前回の支給対象期間の満了日から1年を経過していなくても助成

72　中小企業庁「中小企業向け支援策ガイドブック」より

対象とする。

・通常、支給限度日数は1年間で100日、3年間で通算150日までのところ、今回の特例の対象となった休業等については、その制限とは別枠で受給可能とする。

【主な支給要件】

• 雇用保険の適用事業主であること
• 生産量又は売上高などの事業活動を示す指標の最近3か月間の月平均がその直前又は前年同期に比べ5%以上減少していること

②　被災者雇用開発助成金[73]

平成23年5月2日以降、東日本大震災による被災離職者や被災地求職者を、ハローワーク等の紹介により、1週間の所定労働時間が20時間以上の労働者として雇い入れる事業主（1年以上継続して雇用することが確実な場合に限る。）に対して助成される。また、この助成金の対象者を10人以上雇い入れ、1年以上継続して雇用した場合には、助成金の上乗せが行われる。東日本大震災の際に創設された助成金制度である。その後の災害には適用されていないが、被災地の事業が打撃を受け、被災離職者や被災地求職者の雇用が難しい災害が発生した場合には、適用される可能性がある。

73　中小企業庁「中小企業者向け支援策ガイドブック」より

■支給額（平成27年4月30日まで）

対象労働者	支給額	助成対象期間	支給対象期ごとの支給額
短時間労働者以外の者	90万円 （50万円）	1年 （1年）	45万円×2期 （25万円×2期）
短時間労働者（※）	60万円 （30万円）	1年 （1年）	30万円×2期 （15万円×2期）

■支給額（平成27年5月1日以降）

対象労働者	支給額	助成対象期間	支給対象期ごとの支給額
短時間労働者以外の者	60万円 （50万円）	1年 （1年）	30万円×2期 （25万円×2期）
短時間労働者（※）	60万円 （30万円）	1年 （1年）	20万円×2期 （15万円×2期）

注：（ ）内は中小企業事業主以外に対する支給額及び助成対象期間。
※「短時間労働者」とは、一週間の所定労働時間が、20時間以上30時間未満である者をいう。

著者一覧

土橋　道章
2009年1月辻・本郷税理士法人入所、2014年税理士登録、2019年10月辻・本郷ビジネスコンサルティング㈱代表取締役社長に就任。事業再生・事業承継・M&A業務に従事。

折茂　雄一郎　公認会計士
大手監査法人を経て2015年10月辻・本郷ビジネスコンサルティング㈱に入社、執行役員。2019年12月辻・本郷監査法人社員。実績に基づくノウハウと事業分析力による各種調査、評価及び監査業務に従事。

山田　翔吾
外資系金融機関及び中規模税理士法人を経て、2017年11月より辻・本郷ビジネスコンサルティング㈱に入社、シニアマネジャー。2018年税理士登録、中小企業から上場企業まで幅広くコンサルティング業務に従事。

古賀　早規
個人税理士事務所に5年間勤務後、大手税理士法人に5年勤務。2017年10月より辻・本郷ビジネスコンサルティング㈱に入社、シニアコンサルタント。事業承継コンサルティング業務に従事。

福岡　淳　公認会計士
個人事務所での監査、税務業務の経験を活かし、2017年1月より辻・本郷ビジネスコンサルティング㈱に入社、シニアコンサルタント。事業再生及び各種認定支援手続に従事。

幡鎌　貫人

個人会計事務所にて税務業務を経験し、2018年2月より辻・本郷ビジネスコンサルティング㈱に入社、シニアコンサルタント。ハンズオンを含む業務改善支援・資金調達支援業務に従事。

山口　恵

大手都市銀行勤務後、主婦を経て、2019年4月より辻・本郷ビジネスコンサルティング㈱に入社、コンサルタント。常駐型の管理業務効率化、実行支援業務及び人事労務業務に従事。

サービス・インフォメーション

通話無料

①商品に関するご照会・お申込みのご依頼
TEL 0120(203)694／FAX 0120(302)640

②ご住所・ご名義等各種変更のご連絡
TEL 0120(203)696／FAX 0120(202)974

③請求・お支払いに関するご照会・ご要望
TEL 0120(203)695／FAX 0120(202)973

●フリーダイヤル（TEL）の受付時間は、土・日・祝日を除く9:00〜17:30です。

●FAXは24時間受け付けておりますので、あわせてご利用ください。

税理士のための
顧問先企業の防災・減災対策ハンドブック
—優遇税制・補助金・低利融資の活用 ポイント—

2020年4月5日　初版発行

著　者　辻・本郷ビジネスコンサルティング株式会社

発行者　田　中　英　弥

発行所　第一法規株式会社
〒107-8560　東京都港区南青山2-11-17
ホームページ　https://www.daiichihoki.co.jp/

装　幀　タクトシステム株式会社

DTP　照　山　裕　爾（有限会社ミニマム）

税防災減災対策　ISBN 978-4-474-06916-9　C2033（1）